Das Lexikon

500 Begriffe von A–Z für Grundschüler

Einfach gut erklärt von
Cordula Thörner

CARLSEN

Pixis Lexikon-Tipps

1. Du wirst in diesem Buch viele Abkürzungen finden. Hier kannst du nachlesen, was sie bedeuten:

cm = Zentimeter
m = Meter
Jh. = Jahrhundert
km = Kilometer
km/h = Kilometer pro Stunde
Mio. = Millionen
Mrd. = Milliarden
°C = Grad Celsius
v. Chr. = vor Christus
n. Chr. = nach Christus
u. a. = unter anderem
% = Prozent
z. T. = zum Teil
z. B. = zum Beispiel
kg = Kilogramm

2. Die **blau markierten** Wörter führen dich zu anderen Begriffen im Lexikon, bei denen du weiterlesen und noch mehr erfahren kannst.

A

Aal, der

Aale sind **Fische**. 10 Jahre lang leben sie in **Flüssen** und **Seen**, auch bei uns in **Europa**. Dann schwimmen sie etwa 6000 km durch den **Atlantischen Ozean**, um sich vor der Küste **Amerikas** fortzupflanzen – dort, wo sie selbst auch geboren wurden. Die frisch geschlüpften **Larven** brauchen 3 Jahre, um sich von der Meeresströmung bis nach Europa treiben zu lassen.

Aas, das

Tote Tierkörper, die nicht sofort gefressen oder verwertet werden, sondern verwesen, also von kleinen Lebewesen zersetzt werden, nennen wir Aas.

Ader, die

Adern sind Leitungen im Körper von **Menschen** und **Tieren**, durch die das **Blut** fließt. Wir nennen sie auch Blutgefäße. Sie werden in **Venen** und **Arterien** unterteilt. Durch die Adern von **Pflanzen** werden **Wasser** und **Nährstoffe** transportiert.

Arterie Vene

Seeadler

Adler, der

Adler gehören zu den **Greifvögeln**. Sie kommen fast weltweit vor. Auf der Suche nach Nahrung kreisen sie in der **Luft** und stürzen sich dann auf ihr Beutetier. Der größte Adler **Europas** ist der Seeadler, er kann eine Spannweite von bis zu 2,50 m erreichen. Viele Länder wählten den Adler als Wappentier, z. B. die **Bundesrepublik Deutschland**, Österreich und die USA.

Affe, der

Affen gehören zu den **Säugetieren**. Die meisten Arten leben in den tropischen Gebieten **Amerikas**, **Afrikas** und **Asiens**. Da sie einen Daumen besitzen, sind sie sehr geschickt und gute Kletterer. Affen leben in engen Gemeinschaften zusammen. Sie fressen vor allem **Früchte**, **Blätter** und **Insekten**. Zu den Menschenaffen gehören Gorillas, Schimpansen und Orang-Utans.

Gorilla

Afrika

Afrika ist der zweitgrößte **Kontinent** der **Erde**. In den etwa 53 afrikanischen Staaten leben über 800 Mio. **Menschen** – viele von ihnen in Armut und Not. Große Trockenheit, schlechte landwirtschaftliche Bedingungen und auch politische Probleme und Unruhen prägen große Teile des Kontinents. Für die afrikanische Wirtschaft gehören **Kakao**, **Kaffee**, **Baumwolle**, Gold und Diamanten zu den wichtigsten Produkten. Weite Gebiete Nordafrikas werden von der Sahara bedeckt, der größten **Wüste** der Welt. **Elefanten**, **Giraffen**, **Löwen** sowie unzählige andere Tierarten leben in Afrika. Der längste **Fluss** Afrikas ist der Nil. Der höchste Berg ist der 5895 m hohe Kilimandscharo, der in Tansania liegt.

Siehe auch: Weltkarte, Seite 224/225

Aids

Aids ist eine **Krankheit**, die durch ein **Virus** ausgelöst wird, das wir HI-Virus nennen. Die HI-Viren zerstören die Abwehrzellen des gesunden Körpers, so dass dieser sich selbst gegen harmlose Krankheiten wie Schnupfen und Husten nicht mehr wehren kann. Ein Aids-Kranker kann an diesen Infektionen sogar sterben.

Aids ist ansteckend. Bei infizierten **Menschen** befindet sich das Virus in Körperflüssigkeiten, also in **Blut**, Speichel, Spermien- oder Scheidenflüssigkeit. Eine Ansteckung kann

erfolgen, wenn das Virus durch eine Wunde in die Blutbahn eines Menschen gerät. Eine Heilung gibt es im Moment noch nicht.

Algen, die

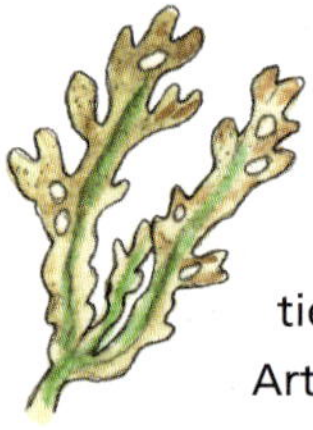

Zu der Pflanzengruppe der Algen gehören sehr viele Arten. Meist leben sie im Wasser. Sie können verschiedene Formen (z. B. fadenförmig, verästelt oder blattförmig) und Farben (z. B. grün, braun, rot) haben. Algen sind für viele Wassertiere ein wichtiger Teil der Ernährung, manche Arten sind auch für Menschen essbar.

Alkohol, der

Alkohol ist eine farblose, brennbare Flüssigkeit. In Bier, Wein, Schnaps und Sekt ist trinkbarer Alkohol enthalten. Er hat eine berauschende Wirkung, schon kleine Mengen können zu Schwindel, Konzentrationsschwäche und zu einer Beeinträchtigung von Verhalten und Reaktionsver-

mögen führen. Wer viel oder regelmäßig Alkohol trinkt, muss mit Gesundheitsschäden rechnen. Alkohol ist eine **Droge** und kann süchtig machen.

Allergie, die

Manche **Menschen** vertragen bestimmte Stoffe nicht. Kommen sie mit ihnen in Berührung, reagiert der Körper mit einer Überempfindlichkeit – er wehrt sich gegen diese Stoffe. Dann wird die Haut fleckig, die Nase juckt, die Augen tränen oder man bekommt schlecht Luft. Allergien gegen Pollen, Tierhaar und bestimmte Nahrungsmittel wie Nüsse oder Äpfel sind recht häufig. Eine Pollenallergie wird auch Heuschnupfen genannt.

Alpen, die

Die Alpen sind das höchste **Gebirge Europas**. Es erstreckt sich über etwa 1200 km durch die Länder Frankreich, Monaco, **Deutschland**, die Schweiz, Österreich, Liechten-

stein, Slowenien und Italien. Mit 4807 m Höhe ist der in Frankreich liegende Montblanc der höchste Berg der Alpen.

Alphabet, das

Ein Alphabet bezeichnet eine bestimmte Anzahl und Reihenfolge von Zeichen, mit denen die Wörter einer **Sprache** aufgeschrieben werden können. Das deutsche Alphabet hat 26 Buchstaben.

Amazonas, der

Der Amazonas ist der wasserreichste Strom der **Erde**. Er fließt durch **Südamerika** und ist etwa 6518 km lang. Der Amazonas entspringt in Peru und mündet in den **Atlantischen Ozean**. In dem riesigen **Regenwald**, der sich im Amazonasgebiet erstreckt, leben unzählige **Tier**- und **Pflanzen**arten.

Ameise, die

Ameisen gehören zu den **Insekten**. Sie leben in Staaten zusammen. Die Ameisen eines Volkes teilen sich die Aufgaben: Die Königin kann als einzige **Eier** legen. Manche Arbeiterinnen kümmern sich um den Nachwuchs, andere besorgen Nahrung oder bauen und verteidigen das **Nest**. Die einzige Aufgabe der wenigen Männchen ist es, die Königin zu befruchten. Es gibt etwa 12 000 Ameisenarten auf der **Erde**.

Amerika

Siehe: Nordamerika; Südamerika

Amphibien, die

Amphibien werden auch Lurche genannt. Sie haben eine schleimige **Haut**, die immer feucht bleiben muss. Amphibien sind wechselwarme **Tiere**. Viele Arten verbringen einen Teil ihrer Entwicklung im **Wasser** und einen Teil an Land. Die erwachsenen Tiere können sich oft ebenfalls sowohl im Wasser als auch an Land aufhalten. Zu den Amphibien gehören **Frösche**, **Kröten**, Salamander und Molche.

Feuersalamander

Amsel, die

Die Amsel ist eine häufig vorkommende Singvogelart. Sie ernährt sich von **Insekten**, **Würmern**, Beeren und **Früchten**. Die Männchen werden bis zu 29 cm groß, die Weibchen bleiben etwas kleiner.

Antarktis, die

Das Gebiet rund um den **Südpol** nennen wir Antarktis. Sie ist etwa 1,5-mal so groß wie **Europa** und ganzjährig fast vollständig von Eis bedeckt. Wegen der dort herrschenden Kälte gibt es kaum **Menschen** und nur wenige **Pflanzen**- und **Tier**arten. Es wurden **Temperaturen** von −89 °C gemessen. Die bekanntesten Tiere sind die **Pinguine**. Auf der Antarktis liegt Antarktika, der südlichste Kontinent der Erde.

Siehe auch: Weltkarte, Seite 224/225

Apollo 11

Apollo 11 ist der Name der ersten bemannten amerikanischen Raumfahrtmission, bei der am 21. Juli 1969 Neil Armstrong und Edwin Aldrin den **Mond** betraten.

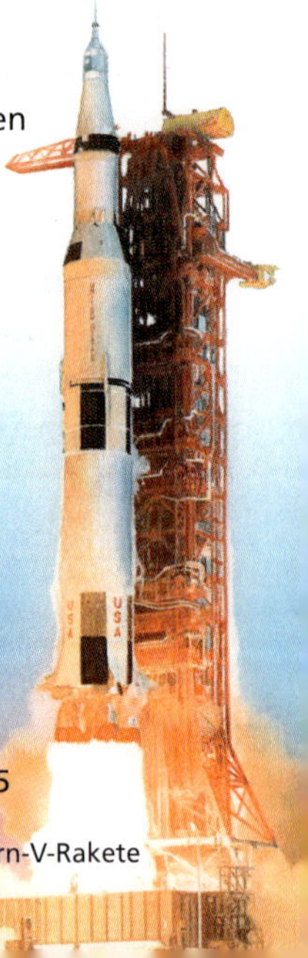

Saturn-V-Rakete

Äquator, der

Der Äquator ist der längste **Breitengrad**. Er umschließt die **Erde** an der breitesten Stelle und teilt sie in eine Nord- und eine Südhalbkugel. Den Lebensraum, der an den Äquator angrenzt, nennen wir **Tropen**. Der Äquator hat eine Länge von etwa 40 076 km.

Siehe auch: Weltkarte, Seite 224/225

Archäologie, die

Archäologie ist die Wissenschaft, die sich mit der Erforschung des Altertums beschäftigt. Die Archäologen untersuchen Fundstücke aus jener Zeit, z. B. Vasen, Münzen, Bilder oder Werkzeuge, und versuchen dadurch etwas über das Leben der **Menschen** in der Vergangenheit herauszufinden.

Architektur, die

Architektur ist die Baukunst. Zu ihr gehören das Entwerfen, Planen und Erstellen von Bauwerken – das können z. B. Kirchen, Brücken, Türme oder Häuser sein.

Arktis, die

Das Gebiet rund um den **Nordpol** nennen wir Arktis. Dazu gehören die nördlichen Gebiete von **Nordamerika**, **Asien** und **Europa**, viele Inseln (z. B. Grönland und Island) sowie die meterdicken Eisschichten über dem **Nordpolarmeer**. Landmassen gibt es über dem Nordpol nicht und deswegen ist die Arktis kein **Kontinent**. In der Arktis leben **Eisbären**, Rentiere und Polarfüchse.

Siehe auch: Weltkarte, Seite 224/225

Arterie, die

Arterien sind ein Teil der Blutgefäße, auch **Adern** genannt. In ihnen wird das sauerstoffreiche **Blut** vom **Herzen** zu den **Organen** transportiert.

Asien

Asien ist der größte **Kontinent**. Etwa 4 Mrd. **Menschen**, das ist mehr als die Hälfte der Weltbevölkerung, leben in den etwa 50 Ländern Asiens. Im Westen grenzt Asien an **Europa**. Die Verteilung der Bevölkerung ist sehr unterschiedlich: In Indien und China wohnen jeweils mehr als 1 Mrd. Menschen, andere Länder und Regionen sind nur dünn besiedelt. Es gibt viele arme Länder in Asien (z. B. Vietnam, Indien, Georgien), andere Länder gelten als wohlhabend und fortschrittlich (z. B. Japan, Singapur, Taiwan). Alle 14 Achttausender der Welt, also Berge, die über 8000 m hoch sind, liegen in Asien. Der höchste von ihnen, der Mount Everest (8848 m), gehört zum Himalaja-Gebirge. Das Kaspische Meer ist der größte **See** der **Erde** – seine Fläche ist größer als die **Deutschlands**.

Siehe auch: Weltkarte, Seite 224/225

Astronomie, die

Astronomie oder Sternenkunde ist die Wissenschaft, die sich mit der Erforschung des **Weltalls** beschäftigt.

Blick in den Sternenhimmel

Atlantischer Ozean

Das zweitgrößtes Weltmeer wird im Westen von **Nord-** und **Südamerika** begrenzt und im Osten von **Europa** und **Afrika**. Im Norden liegt die **Arktis**, im Süden die **Antarktis**. Der Atlantik bedeckt etwa ein Fünftel der Erdoberfläche.

Siehe auch: Weltkarte, Seite 224/225

Atlas, der

Ein Atlas ist ein Buch, das Landkarten oder Himmelskarten enthält.

Atmosphäre, die

Siehe: Erdatmosphäre

Atmung, die

Wir atmen, damit unser **Körper** den lebenswichtigen **Sauerstoff** erhält. Die eingeatmete **Luft** gelangt in die **Lungen**. Dabei geht Sauerstoff aus der Luft über ins **Blut** und wird von den roten Blutkörperchen zu den **Organen** transportiert. Beim Ausatmen scheiden wir Kohlendioxid aus. **Fische** und andere Wassertiere atmen meist durch Kiemen.

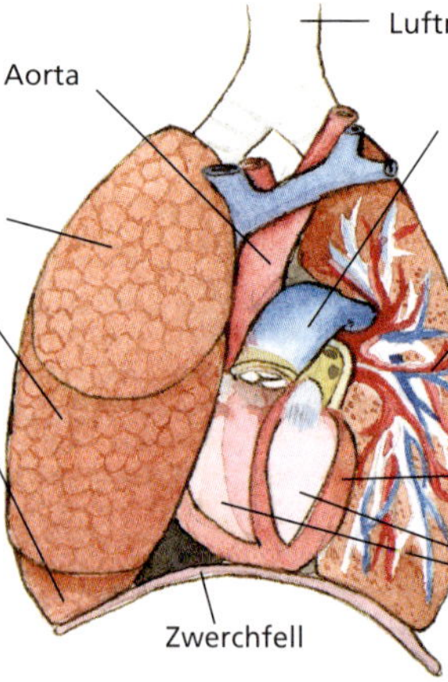

Atom, das

Atome sind winzig kleine Bausteine, aus denen alles um uns herum besteht: Lebewesen, **Luft**, **Wasser**, Steine, **Planeten** und jeder Stoff, den es gibt. Atome haben einen Kern und eine Hülle. Der Kern ist positiv elektrisch (siehe: **Elektrizität**) geladen. Die Ladung der auf verschiedenen Bahnen um ihn kreisenden Teilchen, der Elektronen, ist negativ. Die Elektronen auf der äußersten Schale können sich mit anderen Atomen verbinden. Atome selbst bestehen aus noch kleineren Elementarteilchen. Wird ein Atomkern gespalten, wird sehr viel **Energie** frei gesetzt. Atomkraftwerke nutzen diese Möglichkeit zur **Strom**gewinnung.

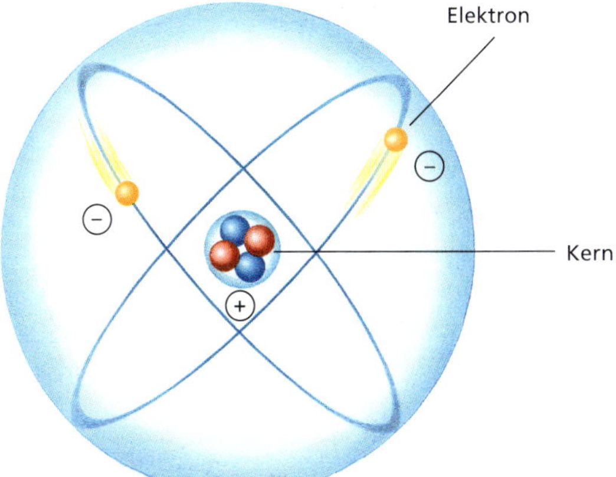

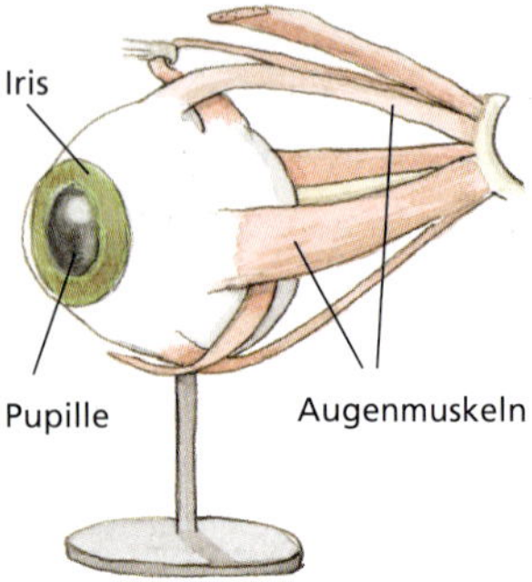

Auge, das

Das Auge ist das **Sinnes**organ, mit dem wir **Farben** und Gegenstände sehen können, indem wir **Licht** aufnehmen. Es besteht aus einem Augapfel, der durch **Muskeln** bewegt werden kann. Lid, Wimpern, Augenbrauen und **Tränen** schützen das Auge vor Schmutz und Verletzungen. Das Licht fällt durch die Pupille und eine Linse und trifft dann auf die Netzhaut. Dort entsteht ein Bild von dem, was wir gerade ansehen. **Nerven**zellen leiten die Informationen weiter an das **Gehirn**.

Australien

Australien ist zugleich ein **Staat** und ein **Kontinent** – der kleinste der Welt. Mehr als die Hälfte der Einwohner leben in den vier größten Küstenstädten. Der Rest des Kontinents ist kaum besiedelt. Landwirtschaft und Viehzucht, der Abbau von Eisenerz und Kohle sowie Tourismus sind wichtige Wirtschaftszweige in Australien. Im Inneren und an der Westküste des Landes gibt es ausgedehnte **Wüsten**flächen. Tropisches **Klima** herrscht im Norden, an der Ostküste ist das Klima gemäßigt. Manche **Tier**arten kommen nur in Australien vor, z. B. Koalabär, Schnabeltier, Emu und zahl-

reiche Känguru-Arten. Herausragend sind außerdem der Ayers Rock, ein Berg aus Sandstein, und das größte Korallenriff der Welt, das Great Barrier Reef, das nordöstlich von Australien liegt.

Siehe auch: Weltkarte, Seite 224/225

Auto, das

Das Wort „Automobil" bedeutet „Selbstantreiber". Ein Auto ist zweispurig, hat ein Fahrgestell, Räder, einen **Motor**, Lenker und Bremsen. Die ersten mit einem Motor betriebenen Kraftwagen wurden vor etwa 120 Jahren entwickelt. Davor bewegten sich die **Menschen** mit Kutschen oder auf Schienen fort.

Automat, der

Ein Automat ist eine **Maschine**, die eine Arbeit verrichtet, ohne dass ein **Mensch** dabei sein muss. Das können recht einfache Maschinen sein, z. B. ein Getränkeautomat, oder komplizierte **Roboter**, die sogar **Auto**teile zusammensetzen können.

Bach, der

Ein Bach ist ein schmales, fließendes Gewässer. Er entspringt an einer **Quelle**, meist in einem **Gebirge**. Ein Bach ist Lebensraum für viele **Tiere**, z. B. **Insektenlarven**, **Fische** und **Schnecken**. Ein breites Fließgewässer nennen wir **Fluss**.

Bahnhof, der

Ein Bahnhof ist eine Haltestelle für Züge, an denen Reisende ein- oder aussteigen, Güter verladen werden und Züge rangieren können. Ein Bahnhof muss mindestens eine Weiche haben, sonst ist er nur ein Haltepunkt.

Hamburger Hauptbahnhof

Bakterie, die

Bakterien sind sehr kleine, einzellige Lebewesen, die nur unter einem **Mikroskop** zu erkennen sind. Sie gehören nicht zu den **Tieren** und auch nicht zu den **Pflanzen**, sondern bilden eine eigene Gruppe. Bakterien gibt es überall, viele sind sehr nützlich, z. B. brauchen wir sie im **Darm** für die **Verdauung**. Andere rufen **Krankheiten** hervor.

Ballett, das

Als Ballett bezeichnen wir den kunstvollen Tanz, der von **Musik** begleitet wird. Es entstand vor etwa 350 Jahren in Frankreich. Die Tänzer erzählen nur durch ihre Bewegungen auf der Bühne eine Geschichte. Beim klassischen Ballett gibt es für die Bewegungsfolgen und Körperhaltungen strenge Regeln. Das moderne Ballett erlaubt freiere Bewegungen.

Bank, die

Eine Bank oder Sparkasse handelt mit **Geld**. Wenn wir gespartes Geld zur Bank bringen, bekommen wir dafür Zinsen, das heißt, die Bank bezahlt uns etwas dafür, dass wir ihr unser Geld für eine Zeit überlassen. Die Bank kann unser Geld nun weiterverleihen und fordert dafür einen höheren Zinssatz von demjenigen, der das Geld für einen Zeitraum braucht. Dieser muss also mehr zurückzahlen, als er geliehen hat – daran verdient die Bank.

Bär, der

Bären sind **Säugetiere**. Obwohl sie **Raubtiere** sind, fressen sie auch **Früchte** und **Insekten**, wenn es nichts anderes gibt. Wir unterscheiden acht Arten: Braunbär, Asiatischer und Amerikanischer Schwarzbär, Malaienbär, Lippenbär, Brillenbär, Großer Panda und **Eisbär**. In **Europa** kommt nur der Braunbär vor.

Junge Braunbären

Barometer, das

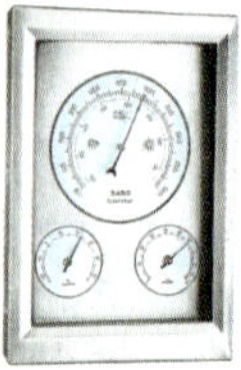

Ein Barometer misst den **Luftdruck**. Es wird als Instrument für die **Wettervorhersage** benutzt: Ein hoher Luftdruck bedeutet meist schönes **Wetter**, sinkender Luftdruck bringt Wetteränderung und **Regen**.

Batterie, die

Wo es keinen Stromanschluss gibt, sind Batterien für das Betreiben elektrischer Geräte, wie etwa Radio oder Taschenlampe, nötig. Eine Batterie speichert **Energie**. Sie enthält verschiedene Stoffe, z. B. Zink und Braunstein, die chemisch miteinander reagieren und dadurch **Strom** erzeugen. Umweltfreundlicher als Batterien sind wiederaufladbare Akkumulatoren, kurz Akkus.

Baum, der

Bäume sind **Pflanzen**, die aus **Wurzeln**, Stamm und Krone bestehen. Die Wurzel verankert den Baum im Boden und über sie nimmt er **Wasser** und **Nährstoffe** auf. Der Stamm wird von der schützenden Borke umgeben. Laubbäume tragen **Blätter**, die sich im Herbst verfärben und abfallen. Die meisten Nadelbäume sind immergrün. Bäume produzieren **Sauerstoff**, den wir zum Atmen brauchen.

Baumwolle, die

Viele Kleidungsstücke werden aus Baumwolle gefertigt.

Der Baumwollstrauch wächst in warmen Gebieten, etwa in Indien, China und dem Süden der USA. Das Baumwollgarn wird aus den ca. 5 cm langen weißen Haaren der Samenkapsel gesponnen.

Behinderung, die

Menschen, die mit einer körperlichen, geistigen oder seelischen Beeinträchtigung leben, haben eine Behinderung. Dazu gehört z. B., wenn die Beine eines Menschen gelähmt sind, jemand vieles nicht versteht und sich nicht allein zurechtfinden kann, oder auch schwere Verhaltens-

auffälligkeiten. Eine Behinderung kann von Geburt an bestehen oder ihre Ursache in einer Krankheit oder einem Unfall haben.

Beruf, der
Ein Beruf ist eine bezahlte Arbeit, die meist in einer Ausbildung oder im Studium erlernt wurde.

Bibel, die
Die Bibel ist eine Sammlung von Schriften, die vor über 2000 Jahren verfasst wurden. Für das Christentum ist die Bibel die Grundlage des Glaubens. Sie besteht aus dem Alten Testament und dem Neuen Testament. Im Alten Testament stehen u.a. Geschichten über die Schaffung der Welt, das jüdische Volk und die Gebote **Gottes**. Das Neue Testament handelt vor allem von Jesus Christus und der Entstehung des Christentums. Die jüdische Bibel wird Thora genannt.

Biber, der
Der Biber ist ein **Nagetier**, das in **Flüssen** **Europas**, **Nordamerikas** und im Norden **Asiens** vorkommt. Er wird bis zu 1 m lang. Auffällig sind sein breiter, flacher Schwanz,

die kräftigen Nagezähne und seine Schwimmhäute. Geschickt baut er große Baue, die nur durch einen Eingang im Wasser zugänglich sind.

Biene, die

Bienen sind **Insekten**, die in Völkern zusammenleben. In jedem Bienenstock lebt eine Königin, die als Einzige **Eier** legen kann. Die meisten Bienen sind Arbeiterinnen. Sie sammeln Blütenpollen und Nektar, bauen und verteidigen das **Nest** und kümmern sich um die Eier und **Larven**. Besonders bekannt ist die Honigbiene. Sie kann gezüchtet werden, Imker ernten den Honig.

Bionik, die

Bionik ist die Wissenschaft, die sich damit beschäftigt, Lösungen der **Natur** für die **Technik** zu nutzen. So haften z. B. Klettfrüchte sehr fest auf **Fell** oder Kleidungsstücken. Einem Schweizer Ingenieur fiel das auf und er kam auf die Idee, Klettverschlüsse zu entwickeln.

Blatt, das

Blätter sind wichtige Teile einer **Pflanze**. Auf der Unterseite der Blätter sind die Spaltöffnungen, durch die die Pflanze

Kastanienblatt

Kohlendioxid aus der Luft aufnimmt. Im Blatt stellt die Pflanze aus dem Kohlendioxid, aus Wasser und Sonnenlicht Zucker her, den sie als Nährstoff benötigt. Dabei bildet die Pflanze Sauerstoff, den sie durch die Spaltöffnungen wieder abgibt.

Blindenschrift, die

Damit auch Blinde lesen und schreiben können, entwickelte der Franzose Louis Braille 1825 die Blindenschrift. Jeder Buchstabe besteht aus Punkten, die in das Papier gedrückt werden. Die Erhebungen können mit den Fingern gelesen werden. Die Blindenschrift wird auch Brailleschrift genannt.

Blindheit, die

Wenn Menschen nur sehr wenig oder gar nicht sehen können, sind sie blind. Durch Krankheit oder Verletzung kann es zu Blindheit kommen, manchmal ist sie auch angeboren.

Blindschleiche, die

Die Blindschleiche ist trotz ihres Aussehens keine Schlange, sie gehört zu den Echsen. Sie lebt in Wäldern, Gärten und Parks in Europa und in einigen asiatischen Gebieten. Ihre Nahrung besteht vor allem aus Würmern und Nacktschnecken. Sie kann bis zu einem halben Meter lang werden.

Blut, das

Blut ist eine Körperflüssigkeit, die vor allem den Transport von verschiedenen Nährstoffen, Sauerstoff und Abfallstoffen durch den Körper übernimmt. Blut besteht aus roten und weißen Blutzellen, Blutplättchen und Blutplasma. Es wird im Knochenmark gebildet und fließt in Adern durch den Körper.

Blüte, die

Viele Pflanzen haben Blüten, die sie für ihre Fortpflanzung brauchen. Aus ihnen bilden sich Früchte und Samen. Durch den Duft und das besondere Aussehen der Blüten werden Insekten angelockt, die die Pflanze bestäuben sollen.

Breitengrad, der

Zur genauen Ortsbestimmung dient ein gedachtes Liniennetz der Erde, das Gradnetz. Es gibt 360 Längengrade und 180 Breitengrade. Der Breitengrad gibt an, wie weit ein Ort vom Äquator, dem längsten Breitengrad, entfernt ist.

Siehe auch: Weltkarte, Seite 224/225

Brennnessel, die

Brennnesseln sind anspruchslose **Pflanzen**, sie wachsen an vielen Orten. Auf ihren **Blättern** befinden sich kleine **Haare**, in denen sich eine giftige Flüssigkeit befindet. Werden die Blätter berührt, zerbrechen die Haare, die Flüssigkeit tritt aus und brennt auf der **Haut**.

Brunnen, der

Ein Brunnen ist eine Anlage, mit der wir an das meist mehrere Meter unter der Erde liegende Grundwasser gelangen können. Ein tiefer Schacht wird ausgehoben und mit Beton oder Steinen gestützt. Von unten oder durch die Wände des Schachtes läuft **Wasser** in den Brunnen, das nun nach oben gepumpt werden kann. Grundwasser nutzen wir als Trinkwasser.

Mittelalterlicher Brunnen

Buch, das

Ein Buch ist eine Sammlung von beschriebenen, zusammengebundenen Blättern. Seit etwa 600 Jahren werden Bücher aus **Papier** hergestellt, früher verwendeten die **Menschen** Papyrus oder Pergament. Um 1450 erfand Johannes Gutenberg den Buchdruck. Seitdem können Bücher mit

Maschinen vervielfältigt werden. Die moderne Form des Buches ist das E-Book.

Bundesrepublik Deutschland

Siehe: Deutschland

Burg, die

Eine Burg ist ein großes Bauwerk, das aus mehreren Gebäuden mit dicken Wänden und einer Schutzmauer besteht. Burgen dienten im Mittelalter reichen Fürsten und Rittern als Wohnraum und Schutz.

Bürger, der

Die Menschen, die im Mittelalter in einer Burg Schutz suchen konnten, hießen Bürger. Heute nennen wir jeden

Menschen so, der Angehöriger eines **Staates** ist. Alle Staatsbürger haben die gleichen Rechte (z. B. **Wahl**recht) und Pflichten (z. B. Einhaltung der **Gesetze**).

Bürgermeister, der

In einer Stadt oder einem Dorf wählen die wahlberechtigten Bewohner ihr Oberhaupt – den Bürgermeister. Er kümmert sich um die Interessen der **Bürger** und der Gemeinde und um die Umsetzung der Beschlüsse des Stadtrates.

Bussard, der

Bussarde gehören zu den **Greifvögeln**. Sie sind mit den **Adlern** verwandt, aber kleiner als diese. Es gibt weltweit etwa 28 Arten. Bei uns ist der Mäusebussard sehr verbreitet. Er lebt in **Wäldern**, jagt aber in offenem Gelände. Seine Beute sind vor allem kleine **Säugetiere**, z. B. **Mäuse**, **Eidechsen** und **Frösche**.

Mäusebussard

CD, die

CD ist die Abkürzung für den englischen Begriff Compact Disc, das bedeutet Kompaktschallplatte. Sie ist ein Speichermedium für Töne, Bilder oder **Schrift**. Die Informationen sind durch winzige Vertiefungen auf der Scheibe gespeichert. Der CD-Spieler oder der **Computer** tastet mit einem Laserstrahl die Scheibe ab und wandelt die Vertiefungen wieder in Töne oder Bilder um.

Chamäleon, das

Chamäleons sind **Reptilien** und gehören zu den **Echsen**. Sie leben in **Asien**, **Afrika** und Süd**europa**. Sie ernähren sich vor allem von **Insekten**, die sie mit ihrer langen, klebrigen Schleuder**zunge** fangen. Chamäleons können ihre **Haut**farbe verändern. Das dient der Kommunikation mit den Artgenossen und der Tarnung.

Chor, der

Eine Gruppe von **Menschen**, die zusammen singen.

Cockpit, das

Ein Cockpit ist die Pilotenkabine im **Flugzeug**. Bei Rennwagen heißt so der Platz des Fahrers.

Comic, der

Das Wort Comic ist die Abkürzung für Comicstrip und das bedeutet „lustiger Streifen“. Die gezeichneten Bildergeschichten sind aber nicht nur lustig, sie können auch spannend oder informativ sein. Bekannte Comicfiguren sind Tim und Struppi, Asterix und Obelix, Micky Maus und Superman.

Computer, der

Ein Computer ist eine elektronische Anlage, die Daten verarbeitet. Um 1950 wurden die ersten elektrischen Rechenmaschinen gebaut, seitdem entwickelt sich die Computertechnik sehr schnell weiter. Zu einem Computer gehören die Hardware – das sind Rechner, Monitor, Tastatur und Maus – und die Software, also die Programme, die dem Rechner sagen, was er tun soll.

Dachs, der

Der Dachs ist ein nachtaktives **Säugetier**. Sein Lebensraum sind die **Wälder Europas**. Er ist ein Allesfresser, ernährt sich also von **Pflanzen** und Beutetieren wie **Mäusen**, **Insekten** und **Würmern**. Dachsbaue liegen unter der Erde, sind oft sehr groß und werden über viele Jahre genutzt.

Dampf, der

Wenn du **Wasser** auf 100 °C erhitzt, kocht es. Kleine Wasserteilchen steigen dabei auf und es bildet sich Wasserdampf.

Dampfmaschine, die

Wasserdampf braucht viel mehr Platz als flüssiges **Wasser**. Erhitzt man Wasser in einem geschlossenen Behälter, entsteht ein hoher Dampfdruck. Eine Dampfmaschine nutzt diesen Druck, überträgt die entstehende Kraft auf einen Kolben und setzt ihn in Bewegung. Die Dampfmaschine wurde im 18. Jh. entwickelt. Früher wurden **Schiffe** und **Eisenbahnen** mit Dampfmaschinen angetrieben.

Darm, der

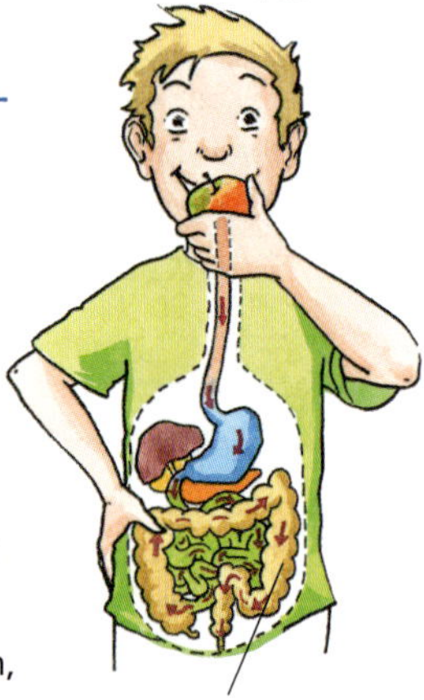

Der Darm ist ein schlauchförmiges **Verdauungsorgan**. Er ist bis zu 8 m lang und reicht, in Schlingen gelegt, vom **Magen** bis zum Darmausgang, dem After. Den oberen Teil bezeichnen wir als Dünndarm. In ihm wird die Nahrung so zerlegt, dass die **Nährstoffe** verwertbar sind. Sie werden dann durch die Darmwand in das **Blut** abgegeben und im Körper verteilt. Im unteren Teil des Darms, dem Dickdarm, wird den nicht verdaulichen Bestandteilen der Nahrung das Wasser entzogen und sie werden schließlich als Kot ausgeschieden.

Delfin, der

Delfine sind im Wasser lebende **Säugetiere**. Sie gehören zu den **Walen** und kommen in allen **Meeren** und einigen **Flüssen** vor. Die meisten Delfine der weltweit etwa 30 Arten leben in Gruppen und sind schnelle und geschickte Schwimmer.

Demokratie, die

Das Wort Demokratie kommt aus dem Griechischen und bedeutet „Herrschaft des Volkes“. In vielen Ländern gibt es die demokratische Staatsform, z. B. in **Deutschland**. Da nicht jeder Einzelne bei einer Entscheidung nach seiner Meinung gefragt werden kann, wählen die **Bürger** Politiker, die ihre Interessen vertreten sollen. In einer Demokratie hat jeder die gleichen Rechte und Pflichten, jeder darf seine Meinung sagen und hat das Recht, zur **Wahl** zur gehen.

Demonstration, die

Wenn **Menschen** auf ihre Meinung aufmerksam machen wollen, können sie sich auf der Straße oder auf einem Platz versammeln. Meist tragen sie Plakate, auf denen steht, welche Forderungen oder Wünsche sie haben.

Deutschland

Siehe Seite 38/39

Dinosaurier, der

Dinosaurier waren **Reptilien**. Sie lebten an Land und vermehrten sich durch das Legen von **Eiern**. In den etwa 165 Mio. Jahren, die es sie gab, entwickelte sich eine große Artenvielfalt: Es gab **Pflanzen**fresser und Fleischfresser, sehr große und sehr kleine Arten. Noch immer entdecken Wissenschaftler jedes Jahr **Fossilien** von bislang unbekannten Dinosaurierarten. Dinosaurier starben vor etwa 65 Mio. Jahren aus – lange bevor es **Menschen** gab.

Ankylosaurier
(Euoplocephalus)

Droge, die

Unter Drogen verstehen wir Rauschmittel, von denen viele süchtig machen können. Zu ihnen gehören **Alkohol** und Nikotin, Heroin, Kokain oder Ecstasy. Drogen wirken auf das **Gehirn**. Eine **Sucht** besteht, wenn jemand nicht mehr

die seelische Kraft hat, auf die Droge zu verzichten, oder wenn der Körper ohne die Droge z. B. mit Zittern, Übelkeit oder Krämpfen reagiert.

DVD, die

DVD ist die Abkürzung für den englischen Begriff Digital Versatile Disc, das bedeutet etwa „vielseitige Digitalscheibe". Sie funktioniert wie eine **CD**, allerdings ist die Datenmenge, die eine DVD speichern kann, viel größer.

Dynamo, der

Ein Dynamo ist ein kleiner **Strom**erzeuger. Wahrscheinlich wird die Leuchte an deinem **Fahrrad** mit einem Dynamo betrieben. In ihm befinden sich ein Magnet und eine Spule. Wenn der **Magnet** durch die Tretkraft gedreht wird, entsteht aus der mechanischen **Energie** elektrische Energie. Diese wird durch ein Stromkabel an die **Glühbirne** weitergegeben.

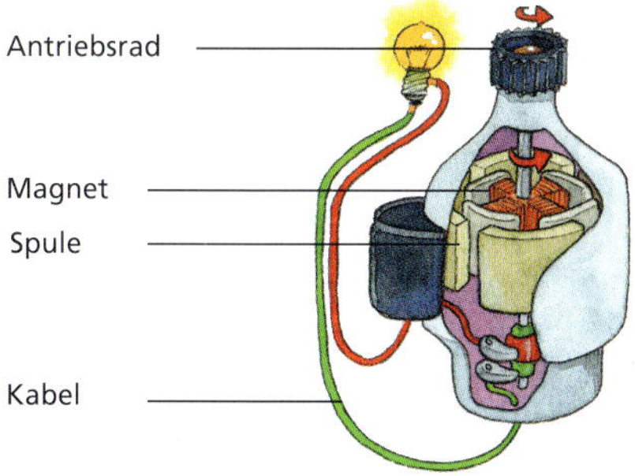

Deutschland

Amtliche Bezeichnung: Bundesrepublik Deutschland
Regierungsform: parlamentarische Demokratie
Staatsoberhaupt: Bundespräsident
Regierungsoberhaupt: Bundeskanzler
Gründung: 23. Mai 1949
Einwohnerzahl: rund 82 Mio.
Fläche: rund 357 000 km^2
Hauptstadt: Berlin, rund 3,4 Mio. Einwohner

Der höchste Berg: Zugspitze (2962 m),
Die größten Seen: Bodensee, Müritz, Chiemsee, Schweriner See
Die längsten Flüsse: Donau, Rhein, Elbe, Oder, Weser

Berühmte Schriftsteller: Johann Wolfgang von Goethe, Friedrich Schiller, Thomas Mann
Berühmte Komponisten: Johann Sebastian Bach, Ludwig van Beethoven, Johannes Brahms
Berühmte Wissenschaftler: Alexander von Humboldt (Naturforscher), Robert Koch (Mediziner, entdeckte Krankheitserreger), Conrad Röntgen (Physiker, entdeckte die Röntgenstrahlen), Albert Einstein (Physiker, entwickelte die Relativitätstheorie)
Berühmte Erfinder: Johannes Gutenberg (Buchdruck), Otto Lilienthal (erste bemannte Fluggeräte), Gottlieb Daimler (Verbrennungsmotor), Carl Benz (Verbrennungsmotor)

Ostsee
Nordsee
Kiel
SCHLESWIG-
HOLSTEIN
MECKLENBURG-
VORPOMMERN
Schwerin
Hamburg
Elbe
Bremen
NIEDERSACHSEN
Berlin
Hannover
Magdeburg
Potsdam
BRANDENBURG
NORDRHEIN-
WESTFALEN
Weser
SACHSEN-
ANHALT
Düsseldorf
Erfurt
SACHSEN
Dresden
HESSEN
THÜRINGEN
Wiesbaden
RHEINLAND-
PFALZ
Mainz
SAARLAND
BAYERN
Saarbrücken
Stuttgart
Rhein
BADEN-
WÜRTTEMBERG
Donau
München
Bodensee

Ebbe und Flut

Der Wasserstand der **Meere** ist nicht immer gleich. Etwa 6 Stunden lang steigt das Wasser an – es ist Flut. Nachdem es einen Höchststand erreicht hat, ist 6 Stunden lang Ebbe, der Wasserspiegel sinkt wieder. Ebbe und Flut nennen wir auch Gezeiten. Grund für die Gezeiten ist die Anziehungskraft des **Mondes** und der **Sonne**.

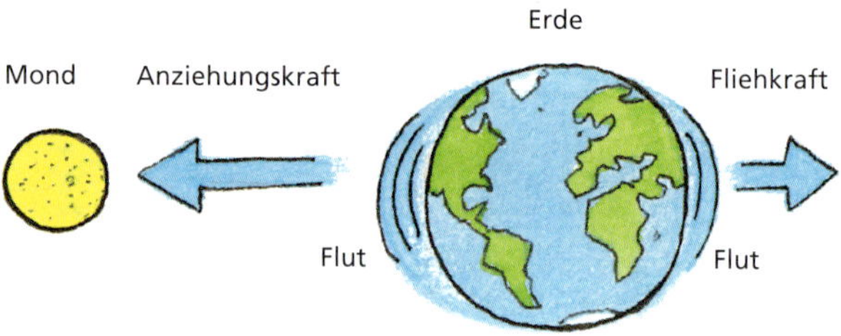

E-Book, das

Erscheint ein **Buch** als E-Book, erhält man es nicht auf Papier gedruckt, sondern als Datensatz, der am **Computer** oder an einem Lesegerät gelesen wird.

Echo, das

Alle Geräusche, die du hörst, sind Schwingungen, die durch die **Luft** zu deinen **Ohren** getragen werden. Diese Schwingungen nennen wir **Schall**wellen. Treffen Schallwellen auf ein Hindernis, z. B. eine Felswand oder Mauer, werden sie zurückgeworfen. Dann hört man das Geräusch noch mal, entweder ganz oder einen Teil davon.

Waldeidechse

Echsen, die

Die etwa 3000 Echsenarten bilden die größte Untergruppe der **Reptilien**. Echsen haben vier Beine, trockene, schuppige Haut und einen langen Schwanz. Zu ihnen gehören **Chamäleons**, Eidechsen und Warane. Bei manchen Echsen sind die Beine zurückgebildet, etwa bei der **Blindschleiche**.

Edelstein, der

Edelsteine sind seltene, schöne Steine, aus denen Schmuck oder Verzierungen gefertigt werden. Damit sie sich bilden, müssen unter der Erde bestimmte **Mineralien** bei hoher **Temperatur** und hohem Druck liegen. Nach vielen Hunderttausend Jahren entstehen dann z. B. Achate, Rubine oder Saphire. Die wertvollsten Edelsteine sind Diamanten.

Rubin

Saphir

Ei, das

Aus befruchteten Eizellen entsteht Leben. Nach der Befruchtung teilt sich die **Zelle** immer wieder und ein Organismus beginnt zu wachsen. **Vögel**, **Reptilien**, **Fische** und **Insekten** legen Eier ab.

Reptilien schlüpfen aus Eiern.

Eichelhäher, der

Der Eichelhäher gehört zu den **Raben**vögeln. Er wird etwa 35 cm groß. Zu seinem Lebensraum gehören Gärten, **Wälder** und Parks. Neben Eicheln und Beeren frisst er auch **Insekten**, **Würmer**, Jungvögel und **Mäuse**.

Eichhörnchen, das

In Gärten, Parks und **Wäldern** sind Eichhörnchen sehr verbreitet. Sie gehören zu den **Nagetieren** und ernähren sich von Nüssen, Eicheln, Vogeleiern und Jungvögeln. Mit ihrem buschigen Schwanz halten sie bei ihren bis zu 4 m weiten Sprüngen das Gleichgewicht. Ihre runden **Nester** werden Kobel genannt.

Eisbär, der

Eisbären gehören zu den größten Raubtieren der **Erde**. Sie kommen nur in der **Arktis** vor, wo sie als Einzelgänger leben und sich vor allem von **Robben** und **Fischen** ernähren. Im Herbst und Winter fressen sie sich eine dicke Fettschicht an, da sie im Sommer oft viele Monate lang nicht ausreichend Beute finden.

Eisenbahn, die

Eine Eisenbahn fährt auf Schienen. Sie befördert Gegenstände und Personen. Bahnfahrzeuge werden meist durch Diesel- oder Elektro**motoren** angetrieben. Im Fernverkehr sind schnelle Züge wie der ICE unterwegs. Er erreicht Geschwindigkeiten von über 300 km/h. Die erste Lokomotive wurde 1804 in England gebaut und wurde mit **Dampf** betrieben.

Regionalbahn ICE Diesellok

Eiszeit, die

Die **Erde** entstand vor etwa 4,6 Mrd. Jahren. Seitdem verändern sich die Landschaften, die Lebewesen und das **Klima** ständig. Immer wieder gab es Eiszeiten. Dann sank die **Temperatur** auf der Erde und große Teile wurden von Gletschereis bedeckt. In der vorletzten Eiszeit in **Europa** reichten die **Gletscher** bis in die Mitte **Deutschlands**. Die letzte Eiszeit ging vor etwa 15000 Jahren zu Ende.

Elefant, der

Elefanten sind die größten Land**säugetiere** der **Erde**. Sie gehören zu den Rüsseltieren. Es gibt nur drei Arten: Afrikanische und Indische Elefanten sowie Waldelefanten, die auch in **Afrika** leben. Ein Elefantenrüssel hat etwa 40 000 **Muskeln**. Er dient als **Nase**, Greifarm und zur Aufnahme von **Wasser**, das der Elefant sich dann ins Maul spritzt. Elefanten sind **Pflanzen**fresser.

Afrikanischer Elefant

Elektrizität, die

Es gibt kleinste Teilchen, aus denen Materie besteht, wir nennen sie **Atome**. Sie haben einen positiv geladenen Kern und eine negativ geladene Hülle. Die unterschiedlichen Ladungen ziehen einander an und halten das Atom

zusammen. Wir nennen diese Kräfte auch elektrische Kräfte. Durch z. B. Reibung zweier Gegenstände aneinander können die geladenen Teilchen voneinander gelöst werden. Da diese Teilchen aber immer wieder an ihren eigentlichen Ort zurückwollen, entsteht Spannung. Diese Spannung können wir als elektrische **Energie** nutzen und in **Strom** umwandeln.

Energie, die

Energie ist nötig, um Arbeit zu verrichten – also um etwas zu verändern: einen Ball an eine andere Stelle rollen, eine Buchseite umblättern, Wasser erhitzen ... Sie kommt in verschiedenen Formen vor, z. B. als Wärme, magnetische Energie, elektrische Energie oder mechanische Energie. Die Energieformen lassen sich ineinander umwandeln.

Ente, die

Enten sind Schwimm**vögel**, die auf und am Wasser leben. Ihre Zehen sind mit Schwimmhäuten verbunden. Damit sich ihr dichtes Gefieder nicht mit Wasser vollsaugt, streichen sie es immer wieder mit einem Öl ein, das sie in ihrer Bürzeldrüse produzieren. Männliche Enten heißen Erpel. Meist ist ihr Gefieder auffälliger als das der Weibchen.

Stockente mit Küken

Entzündung, die

Tritt durch eine Wunde Schmutz ein, wehrt sich der Körper, indem sich an der Stelle viele weiße Blutkörperchen sammeln und die Erreger bekämpfen. Dadurch wird die Haut rot, die Stelle dick und empfindlich – sie ist entzündet.

Erdatmosphäre, die

Die Erdatmosphäre besteht aus mehreren Gasschichten, die die Erde wie ein schützender Mantel umgeben. Sie schützt uns vor schädlicher Strahlung, vor großer Hitze am Tag und

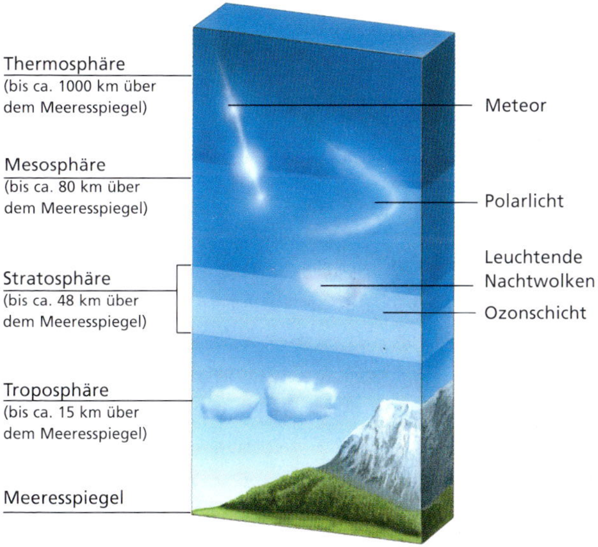

vor bitterer Kälte in der Nacht. Außerdem ist in der Atmosphäre genügend lebenswichtiger **Sauerstoff** enthalten. Das **Wetter** spielt sich in der untersten Schicht, der Troposphäre, ab.

Erdbeben, das

Erdbeben sind Erschütterungen des Erdbodens. Die Erdoberfläche besteht aus großen einzelnen Platten, die wir Kontinentalplatten nennen. Diese sind nicht starr. Durch Veränderungen in dem darunterliegenden Erdmantel kann es zu Spannungen und leichten Verschiebungen der Erdkruste kommen. Dann reiben z. B. zwei Platten aneinander und ein Erdbeben entsteht. Die Stelle der Erdoberfläche, die über dem Erschütterungsgebiet liegt, heißt Epizentrum.

Erde, die

Die Erde ist ein **Planet**. Sie entstand vor etwa 4,6 Mrd. Jahren. Die Erde braucht ein **Jahr** für einen Umlauf um die **Sonne**. Außerdem dreht sich die Erde in 24 Stunden einmal um die eigene Achse. Dadurch entsteht der Wechsel von **Tag und Nacht**. Die Erde besteht aus einem Erdkern, dem Erdmantel und der Erdkruste. Vom Mittelpunkt der Erde bis zur Oberfläche sind es etwa 6370 km. Der Umfang der Erde beträgt ungefähr 40000 km. Mehr als 70 % der Erdoberfläche sind mit **Wasser** bedeckt. Die Landflächen bezeichnen wir als **Kontinente**. Soweit wir heute wissen, ist die Erde der einzige Planet, auf dem es Lebewesen gibt.

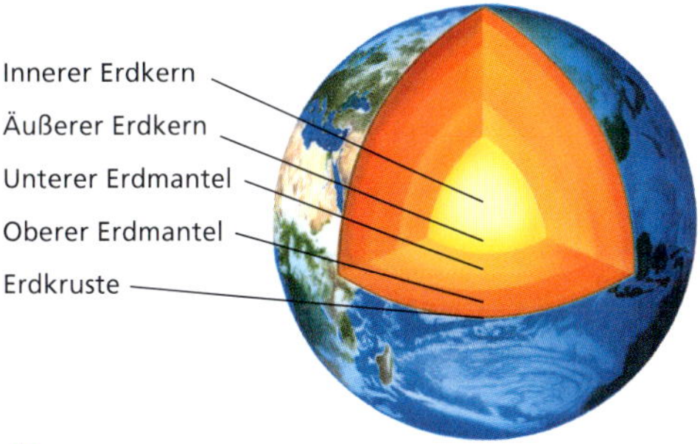

Erdgas, das

Erdgas ist ein brennbares Naturgas, das unter der Erdkruste lagert. Seine Entstehung dauert viele Millionen Jahre. Wir fördern es, um es als Brennstoff zu nutzen, etwa zum Heizen. Da die Vorräte schrumpfen, brauchen wir in Zukunft andere **Energie**formen.

Erdöl, das

Erdöl lagert tief in der **Erde**. Es entstand an den Stellen, an denen vor vielen Millionen Jahren tote **Pflanzen** und **Tiere** von Schlammschichten luftdicht überlagert wurden. Erdöl ist für uns ein **Energie**lieferant. Wir nutzen es zum Heizen, als Kraftstoff, z. B. als Benzin, und zur Herstellung vieler Kunststoffe, die wir für Tüten, Becher, manche Kleidungsstücke oder Spielsachen verwenden. In Saudi-Arabien,

Russland und in den USA wird Erdöl gefördert. Ebenso wie **Erdgas** ist der Erdölvorrat begrenzt.

Ölbohrinsel

Erdteil, der

Siehe: Kontinente

Ernährung, die

Alle Lebewesen brauchen Nahrung zum Überleben. Ohne Essen und Trinken könnten wir nicht wachsen, wir hätten keine **Energie**, um uns zu bewegen und um die Körpertemperatur zu halten. In unserer Nahrung sind Nährstoffe, z. B. Eiweiße, Fette, Kohlehydrate, **Vitamine** und Mineralstoffe enthalten. Eine gesunde, abwechslungsreiche Ernährung ist wichtig, damit wir keine Mangelerscheinungen oder Gewichtsprobleme bekommen.

Eule, die

Es gibt weltweit etwa 180 Eulenarten, 13 davon kommen in **Europa** vor. Meist leben sie im **Wald**. In der Dämmerung und in der Nacht gehen sie auf Jagd. Ihre Beutetiere sind vor allem **Mäuse**, **Insekten** und kleine **Vögel**. Eulen haben ein sehr feines Gehör und können in der Dunkelheit gut sehen. Ihre **Augen** sind nicht beweglich, dafür können sie den Kopf sehr weit nach hinten drehen.

Waldohreule

Europa

Der zweitkleinste **Kontinent** der **Erde** ist Europa. Europa ist dicht besiedelt, etwa 750 Mio. Einwohner leben in den rund 46 Ländern. Im Osten grenzt Europa direkt an **Asien**. Viele Länder Europas sind wohlhabende Industrienationen, dazu gehören Frankreich, Großbritannien und **Deutschland**. Das **Klima** ist größtenteils gemäßigt. Trotzdem gibt es große Unterschiede: Im Norden ist es oft kalt und arktisch, in Südeuropa sind die Sommer heiß und die Winter mild. Zahlreiche Länder Europas haben sich in der Europäischen Union, der EU, zusammengeschlossen. In diesem Staatenbund werden gemeinsame Entscheidungen getroffen. Die Einführung des Euro und die Vereinbarung, dass in den EU-Ländern frei mit Waren gehandelt werden darf, gehören dazu.

Siehe auch: Weltkarte, Seite 224/225

Fahrrad, das

Ein Fahrrad fährt durch **Muskel**kraft: Der Fahrer tritt in die Pedale und bewegt dadurch eine Kette, über die das Hinterrad angetrieben wird. Das erste Zweirad, ein Laufrad aus Holz, wurde 1817 von dem deutschen Erfinder Karl Drais gebaut. Er nannte es Draisine. Bis etwa 1880 dauerte es, bis das Fahrrad mit Kettenantrieb, so wie wir es heute kennen, entwickelt war.

1 Lenker
2 Scheinwerfer
3 Bremse vorn
4 Speichenreflektor
5 Felge
6 Speiche
7 Kette
8 Schaltwerk
9 Schlussleuchte
10 Dynamo
11 Rahmen

F

Fairness

Der Begriff Fairness wurde ursprünglich im **Sport** verwendet. Jeder Sportler muss sich an die Regeln seiner Sportart halten. Und er sollte sich den anderen Sportlern gegenüber respektvoll verhalten, ehrlich sein und auch verlieren können – dann ist er fair. Fairness ist also ein Verhalten, das auf einer inneren Überzeugung beruht.

Falke, der

Falken sind **Greifvögel**. Bei uns kommt der Turmfalke häufig vor. Wenn er auf Beutefang ist, kann er sich an einer Stelle in der Luft halten – wir nennen das rütteln. Von dort stürzt er sich auf das Beutetier, meist eine **Maus**, ein kleiner **Vogel** oder **Insekten**. Falken werden schon seit dem **Mittelalter** für die Jagd eingesetzt.

Falkner

Familie, die

Zu einer Familie gehören meist Eltern, Kinder, Geschwister, Großeltern und vielleicht noch weitere Verwandte. Jede Familie ist einzigartig, es sind viele Lebensformen möglich. Wichtige Aufgaben in einer Familie sind die Sicherung der Grundbedürfnisse wie Wohnen und Essen, Liebe und Geborgenheit, Erziehung, Schutz und Fürsorge.

Farbe, die

Wenn Lichtwellen auf einen Gegenstand treffen, nimmt dieser Teile der Lichtwellen auf, andere wirft er zurück. Eine Tomate wirft z. B. nur die roten Lichtwellen zurück. Die zurückgeworfenen Lichtwellen gelangen in unsere Augen und wir sehen die rote Farbe. Schwarze Gegenstände nehmen alle Farbwellen auf, weiße werfen alle zurück. Nur bei Licht können wir also Farben erkennen.

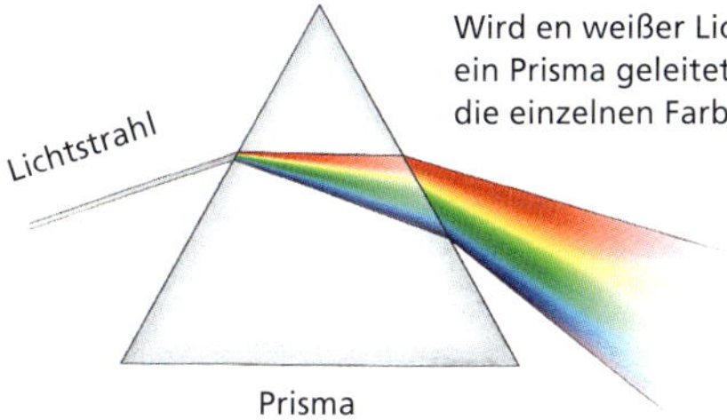

Wird en weißer Lichtstrahl durch ein Prisma geleitet, teilt er sich in die einzelnen Farben auf.

Farn, der

Farne gibt es schon seit etwa 400 Millionen Jahren auf der Erde. Sie gehörten zu den ersten Landpflanzen. Heute kennen wir rund 12 000 Arten weltweit. Sie wachsen an schattigen, feuchten Plätzen. Farne haben weder Blüten noch Samen, sondern Sporen, mit denen sie sich fortpflanzen.

Fauna, die

Fauna ist die wissenschaftliche Bezeichnung für die **Tier-welt**.

Feder, die

Federn bieten **Vögeln** Schutz vor Kälte und Nässe. Wie unsere **Haare** bestehen sie aus Horn. Mit Hilfe der Schwungfedern an den Flügeln können die meisten Vogelarten fliegen. Die Gesamtheit der Federn eines Vogels nennen wir Gefieder. Die Zeit, in der die Vögel die Federn wechseln, heißt Mauser.

Fell, das

Die stark behaarte **Haut** von **Säugetieren** nennen wir Fell. Es schützt sie vor Kälte und Nässe. Manche **Tiere** haben im Winter ein dichteres, z. T. auch anders gefärbtes Fell als im Sommer, z. B. die Schneehasen.

Fieber, das

Die normale Körpertemperatur eines Menschen liegt bei etwa 36,5 °C. Liegt sie über 38 °C, spricht man von Fieber. Meist ist es ein Anzeichen für eine Erkrankung. Der Körper wehrt sich auf diese Weise gegen Krankheitserreger, denn einige von ihnen vertragen die höheren Temperaturen nicht. Außerdem werden Zellen, die für die Körperabwehr wichtig sind, bei Temperaturen ab 38 °C aktiver. Ab 42 °C besteht für den Menschen Lebensgefahr.

Fisch, der

Fische sind im Wasser lebende wechselwarme Tiere. In allen Meeren und Flüssen der Welt kommen sie in großer Artenvielfalt vor. Je nach Lebensraum sprechen wir von Salzwasserfischen und Süßwasserfischen. Fische können den im Wasser gelösten Sauerstoff durch Kiemen aufnehmen. Sie bewegen sich meist mit Hilfe der Schwanzflosse fort, die Bauch-, Rücken- und Brustflossen dienen der Lenkung und dem Halten des Gleichgewichts. Fische legen Eier, den Laich. Wale sind keine Fische, sondern Säugetiere.

Bachforelle

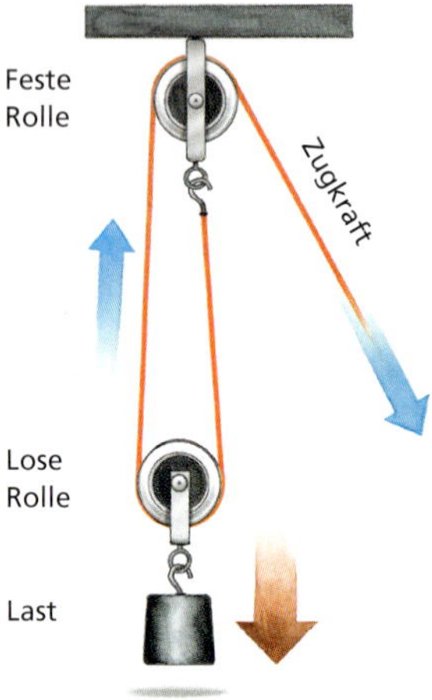

Flaschenzug, der

Ein Flaschenzug vereinfacht das Heben schwerer Lasten. Die Last hängt an einem Seil, das über eine lose und eine feste Rolle läuft. Zieht man nun an dem freien Ende des Seils, um die Last zu heben, braucht man nur die halbe Kraft, denn diese verteilt sich auf die beiden tragenden Seile.
Schon vor 3000 Jahren wurden Flaschenzüge eingesetzt und auch heute noch nutzen wir sie auf jeder Baustelle.

Fledermaus, die

Fledermäuse und Flughunde sind die einzigen **Säugetiere**, die fliegen können. Zwischen ihren langen Finger**knochen** spannt sich eine dünne Flughaut, die bis zu den Beinen und zum Schwanz reicht. Fledermäuse sind nachtaktiv. Sie fressen vor allem **Insekten**, die sie durch **Echo**ortung finden: Sie stoßen ständig sehr hohe Töne aus, die für uns nicht hörbar sind. Treffen die **Schall**wellen dieser Töne auf Hindernisse, etwa **Bäume** oder auch Beutetiere, prallen sie ab und werden zurückgeworfen. Durch das Echo orientiert sich die

Fledermaus. Fledermäuse schlafen an den Füßen hängend in Höhlen oder Dachböden. Im Winter halten sie **Winterschlaf**.

Fliege, die

Fliegen gehören zu den **Insekten**. Sie haben große Facetten**augen**, die jeweils aus sehr vielen Einzelaugen zusammengesetzt sind. Aus den **Eiern** der Fliegen schlüpfen die **Larven**, Maden genannt, die sich dann zu Puppen entwickeln. Nach etwa 10 Tagen sind die Tiere ausgewachsen. Die Lebensdauer einer erwachsenen Fliege beträgt meist nur wenige Tage oder Wochen. Oft sitzen sie auf Abfällen oder tierischen Ausscheidungen, wo sie ihre Nahrung finden.

Fliehkraft, die

Wird ein mit **Wasser** gefüllter Eimer schnell im Kreis geschleudert, bleibt das Wasser im Eimer, auch wenn der Eimer auf dem Kopf steht. Durch das Schleudern werden Wasser und Eimer nach außen gedrückt. Fährst du in einem Kettenkarussell, spürst du diese Fliehkraft – sie drückt dich nach außen.

Floh, der

Ein Floh ist ein sehr kleines, flügelloses **Insekt**. Mit seinen kräftigen Hinterbeinen kann er weit springen. Flöhe saugen **Blut** von **Tieren** oder **Menschen**. Durch einen Stoff, den sie dabei absondern, entsteht ein starker Juckreiz an der Einstichstelle.

Flora, die

Flora ist die wissenschaftliche Bezeichnung für die **Pflanzen**welt.

Flughafen, der

An einem Flughafen starten und landen **Flugzeuge**, die Menschen oder Waren befördern. Ein Flughafen hat Start- und Landebahnen. Im Kontrollturm, dem Tower, arbeiten die Fluglotsen. Sie entscheiden, welches Flugzeug wann und

wo sicher starten oder landen kann. Im Flughafengebäude (Terminal) geben die Fluggäste das Gepäck auf und checken ein. Im Hangar werden die Flugzeuge überprüft und repariert.

Flugzeug, das

Ein Flugzeug ist ein Luftfahrzeug. Zum Fliegen braucht es Auftrieb. Der entsteht, wenn das Flugzeug auf der Startbahn immer schneller wird. Dann strömt die Luft an den Tragflächen entlang. Auf der Oberseite ist die Wölbung stärker, die Luft hat einen weiteren Weg als auf der Unterseite. Dadurch entsteht oben ein Unterdruck, der den Flügel – und schließlich das ganze Flugzeug – nach oben saugt.

Fluss, der

Ein Fluss ist ein fließendes, natürliches Gewässer. Ursprung des Flusses ist eine **Quelle**, die meist im **Gebirge** liegt. Der Fluss und seine Ufer sind Lebensraum vieler **Tiere** und **Pflanzen**. Schon immer siedelten **Menschen** gern an Flüssen, da sie dort immer genügend **Wasser** hatten und ihre Waren auf **Schiffen** transportieren konnten.

Flut, die

Siehe: Ebbe und Flut

Fossil, das

Fossilien sind mindestens 10 000 Jahre alte, versteinerte Überreste von **Tieren** und **Pflanzen**. Normalerweise zerfallen tote Körper mit der **Zeit**. Wenn sie aber nicht mit **Sauerstoff** in Berührung kommen, z. B. weil sie von Schlamm verschüttet werden, kann es passieren, dass sie nicht verwesen, sondern versteinern.

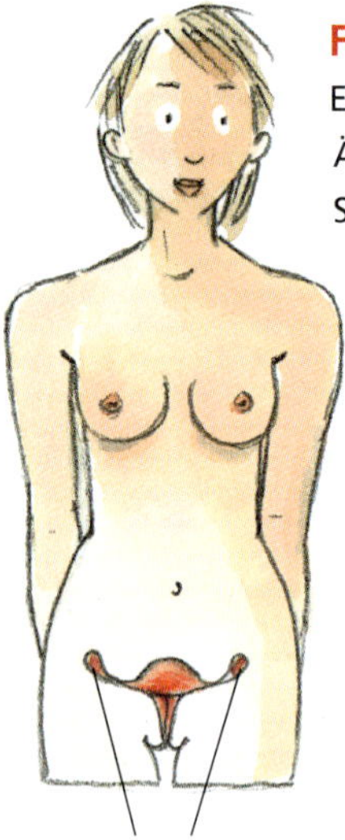

Eierstöcke

Frau, die

Eine Frau ist eine weibliche Erwachsene. Äußerliche körperliche Merkmale sind Scheide und Brüste, im Körperinneren liegen die Gebärmutter, **Eier**stöcke und Eileiter. Frauen können Kinder bekommen und sie mit Muttermilch ernähren.

Freiheit, die

Wer in Freiheit lebt, kann weitgehend selbst über sein Leben bestimmen. Freiheit ist nur im Rahmen der gültigen **Gesetze** und mit Rücksichtnahme auf andere **Menschen** möglich, denn alle anderen möchten auch frei sein.

Frieden, der

Einzelne **Menschen**, Gruppen oder Länder leben friedlich miteinander, wenn sie weitgehend ungestört leben können und Konflikte gewaltfrei lösen. Das Gegenteil von Frieden zwischen den Staaten ist **Krieg**, im Umgang der einzelnen Menschen miteinander ist es Streit.

Frosch, der

Frösche gehören zu den **Amphibien**. Mit ihrer langen **Zunge** fangen sie **Insekten**. Sie legen ihre **Eier**, den **Laich**, im Wasser ab. Aus ihnen schlüpfen die Kaulquappen, die mit Kiemen atmen. Innerhalb weniger Wochen entwickeln sie sich zu den erwachsenen Fröschen. Die Kiemen haben sich zurückgebildet, die Frösche atmen mit **Lungen**.

Frucht, die

Die Frucht ist der Teil einer **Pflanze**, der die **Samen** enthält. Sie dient der Fortpflanzung der Pflanze. Die Frucht entwickelt sich aus der **Blüte**. Früchte können sehr unterschiedlich aussehen, zu ihnen gehören z. B. Nüsse, Äpfel, Erbsen oder Kastanien. Wir verwenden den Begriff **Obst** in unserem Alltag für die saftigen, essbaren Früchte.

Fuchs, der

Füchse sind **Raubtiere**, sie jagen **Mäuse**, **Kaninchen** und **Vögel**, fressen aber auch **Früchte** und **Aas**. **Wälder**, Äcker und andere dünn besiedelte Bereiche gehören zu ihren Lebensräumen. Füchse gehen in der Dämmerung und bei Nacht auf Jagd, am Tage schlafen sie meist in ihrem unterirdischen Bau. Füchse können **Tollwut**, eine gefährliche Krankheit, übertragen. Sie sind mit den **Hunden** verwandt.

Fußball, der

Fußball ist eine Ballsportart, bei der zwei Mannschaften mit je elf Spielern versuchen, den Ball möglichst oft in das gegnerische Tor zu schießen. Die Spieler dürfen den Ball nicht mit den Händen oder Armen berühren – Ausnahme ist der Torwart, der den Ball im eigenen Strafraum in die Hand nehmen darf. Ein Spiel dauert zweimal 45 Minuten. Es wird vom Schiedsrichter und seinen Assistenten geleitet, sie greifen ein, wenn ein Spieler gegen die Regeln verstößt.

Galaxie, die

Eine Galaxie ist eine Ansammlung von Millionen oder Milliarden von **Sternen**, die durch eine Anziehungskraft aneinander gebunden sind. Unsere Galaxie nennen wir Milchstraße. Wie viele Galaxien es im **Weltall** gibt, wissen wir nicht. Unsere Nachbargalaxie heißt Andromedanebel.

Milchstraße

Gans, die

Gänse sind **Zugvögel**. Im Herbst und im Frühjahr kannst du beobachten, wie sie in Keilformation ihrem Ziel entgegenfliegen. Den Winter verbringen sie im Süden, im Frühjahr kehren sie nach Norden zurück, um zu brüten und die Jungen großzuziehen. Es gibt etwa 12 Wildgansarten in **Europa**, die bekannteste ist die Graugans.

Gas, das

Alle Stoffe, egal ob fest, flüssig oder gasförmig, bestehen aus kleinsten Teilchen, den **Atomen** oder Molekülen. Bei einem Gas sind diese Teilchen ohne Zusammenhalt und streben sogar auseinander. Sie breiten sich in dem verfügbaren Raum aus, können aber im Gegensatz zu festen und flüssigen Stoffen zusammengepresst werden. Manche Stoffe, z. B. **Wasser**, können flüssig, fest oder gasförmig vorkommen. **Luft** ist eine Mischung aus verschiedenen Gasen.

Gebirge, das

Eine zusammenhängende Gruppe von Bergen nennen wir Gebirge. Sie entstanden vor Jahrmillionen, häufig durch die Verschiebung der Erdkruste: Wenn Kontinentalplatten aufeinanderstoßen, wird die Erdoberfläche unter großem Druck nach oben geschoben. Wir nennen diese Gebirge Faltengebirge. Die **Alpen** oder das Himalaja-Gebirge gehören dazu. Andere Gebirge, etwa der Vogelsberg in Hessen, entstanden durch Vulkanausbrüche. Der höchste Berg der Welt ist mit 8848 m der Mount Everest.

Gecko, der

Geckos sind die artenreichste Familie der Reptilien. Die über 700 bekannten Arten leben in den warmen Gebieten der ganzen Welt. Sie werden zwischen 3 und 35 cm lang. Viele Arten haben breite Zehenspitzen und Millionen feinster Haare an den Fußsohlen, die eine sehr gute Haftung an glatten Oberflächen ermöglichen. Darum können sie sogar an der Decke laufen. Geckos ernähren sich vor allem von Insekten.

Gedicht, das

In einem Gedicht werden die Wörter in besonderer Weise verwendet: Es hat Zeilen, Verse und Strophen. Meist reimen sich die letzten Wörter der Zeilen. Der Klang und die Betonung der Wörter und der Rhythmus der Sprache spielen eine wichtige Rolle. Oft wird mit wenigen Worten viel erzählt. Gedichte gibt es schon seit Jahrtausenden.

Gefängnis, das

Wenn jemand gegen ein Gesetz verstößt und erwischt wird, entscheidet ein Gericht, welche Strafe er bekommt. Verhängt der Richter eine Freiheitsstrafe, muss der Verurteilte in ein Gefängnis. Dann verbringt er eine bestimmte Zeit in einem gesicherten Gebäude. Er darf seine Zelle nur verlassen, wenn es ihm erlaubt wird, muss Gefängniskleidung

tragen und bekommt nur selten Besuch. Das offizielle Wort für Gefängnis ist Justizvollzugsanstalt.

Gefieder, das

Siehe: Feder

Gehirn, das

Das Gehirn befindet sich im Kopf. Es ist das Steuerungs- und Kontrollzentrum für unseren Körper. Über **Nerven** und das Rückenmark ist es mit allen Teilen unseres Körpers verbunden. Das Gehirn besteht aus mehreren Bereichen, die unterschiedliche Aufgaben übernehmen. Denken, riechen, schmecken, hören, atmen, bewegen, fühlen, träumen, sprechen, lernen – all das und noch mehr regelt das Gehirn. Es verarbeitet unsere **Sinnes**eindrücke und gibt Befehle – so können wir auf unsere Umwelt reagieren.

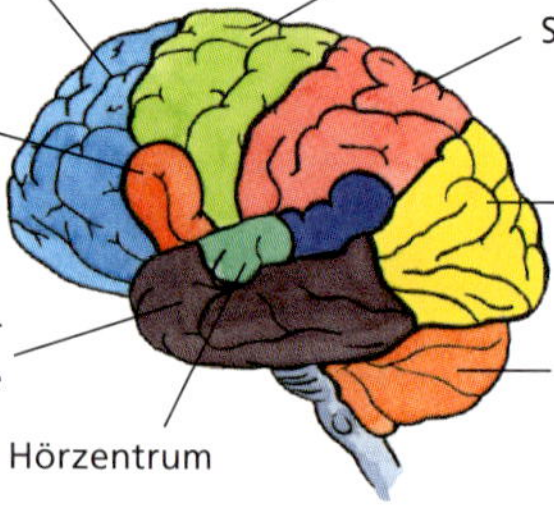

Geier, der

Geier gehören zu den **Greifvögeln**. Sie ernähren sich von **Aas**. An Kopf und Hals sind sie nackt, darum können sie den Kopf weit in das Aas hineinstecken, ohne dass Nahrungsreste an ihren **Federn** hängen bleiben. Geier kommen in den **Steppen**, **Wüsten** und **Gebirgen** aller **Kontinente** vor, nur nicht in **Australien** und der **Antarktis**. Mit einer Flügelspannweite von über 3 m ist der Andenkondor der größte Geier der Welt.

Andenkondor

Geld, das

Geld ist ein Zahlungsmittel, das wir gegen Waren oder Dienstleistungen eintauschen. Münzen und Banknoten bezeichnen wir als Bargeld. Heute wird häufig mit Kreditkarten oder EC-Karten bezahlt. Dann wird der zu zahlende Betrag vom Bankkonto des Kartenbesitzers abgebucht. Bevor es Geld gab, wurden Waren direkt gegeneinander getauscht. Jeder Staat hat eine Landeswährung. In **Europa** haben sich viele Länder für eine gemeinsame Währung entschieden, den Euro.

Gemüse, das

Essbare **Pflanzen** unterteilen wir in **Obst**, **Getreide** und Gemüse. Zu den Gemüsesorten gehören verschiedene Pflanzenteile: Möhren und Radieschen sind **Wurzeln**, Salat und Spinat sind **Blätter**, Erbsen sind **Samen**, Tomaten und Gurken sind **Früchte**. Gemüse gehört zu einer gesunden **Ernährung** dazu, es enthält **Vitamine** und Mineralstoffe.

Gepard, der

Geparde sind in der afrikanischen **Steppe** und **Savanne** lebende **Säugetiere**. Bei der Jagd auf Beutetiere, vor allem Gazellen, erreichen sie kurzzeitig Geschwindigkeiten von über 110 Kilometern in der Stunde.

Gesellschaft, die

Eine Gesellschaft besteht aus **Menschen**, die durch verschiedene Gemeinsamkeiten miteinander verbunden sind. Dazu gehören räumliche Grenzen (z.B. Landesgrenzen), die

gleichen Gesetze und auch kulturelle Übereinstimmungen, wie etwa die Sprache, die Musikrichtungen oder die Religion.

Gesetz, das

Gesetze sind Regeln, die für alle Menschen eines Staates gelten. Die Gesetze werden meist von der Regierung vorgeschlagen und vom Parlament festgelegt. Gesetze sind notwendig für ein geordnetes Zusammenleben.

Gesundheit, die

Wenn du dich körperlich, seelisch und sozial, das bedeutet im Zusammensein mit anderen Menschen, wohlfühlst, bist du gesund. Für deine Gesundheit kannst du einiges tun: Gute Ernährung, Bewegung und das Spielen mit Freunden gehören dazu.

Getreide, das

Gräser, die große Körner tragen, die wir als Nahrungsmittel verwenden können, bezeichnen wir als Getreide. Unsere wichtigsten Getreidesorten sind Weizen, Roggen, Gerste und Hafer. Wir nutzen die Körner zur Mehlherstellung, für die Zubereitung von Müsli und auch als Tierfutter.

Gewitter, das

Die Wetterlage mit starken Regenfällen, Blitz und Donner nennen wir Gewitter. Dazu kommt es, wenn feuchte Luft am Boden durch Sonneneinstrahlung erwärmt wird und

nach oben steigt. Dort trifft diese feuchtwarme Luft auf kältere Luftmassen, sie kühlt ab und riesige **Wolken** können entstehen. In so einer Gewitterwolke herrschen starke **Winde**, die **Wasser**tropfen und Eisteilchen herumwirbeln. Durch das Zusammenprallen der Teilchen und Tropfen entsteht **Elektrizität**. Wird die elektrische Spannung zu groß, kommt es zur Entladung: Es blitzt und donnert. Die meisten Gewitter gibt es im Sommer.

Gewürz, das

Gewürze sind Teile von **Pflanzen**, die frisch oder getrocknet den Speisen zugegeben werden, um den Geschmack und den Duft zu verbessern.

Kümmel

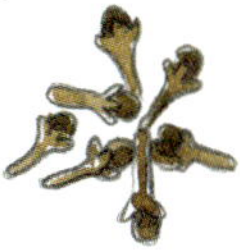

Nelken

Pfeffer

Geysir, der

Geysire sind heiße **Quellen**, aus denen heißes **Wasser** oder Wasser**dampf** hoch in die **Luft** geschleudert wird. Unter der Erde wird das Grundwasser durch heißes flüssiges Gestein, Magma genannt, erhitzt. Steigt die **Temperatur** auf mehr als 100 °C, erhöht sich der Druck und ein Strahl aus Wasser und Dampf schießt heraus. Es gibt nur wenige **vulkan**ische

Gebiete auf der Welt, in denen Geysire vorkommen: Island, Neuseeland und Amerika gehören dazu.

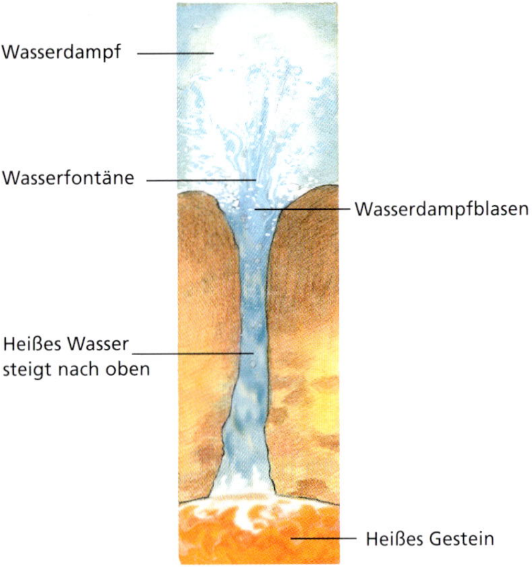

Gezeiten, die

Siehe: Ebbe und Flut

Gift, das

Ein Gift ist ein Stoff, der einem Lebewesen schadet, wenn er durch Einatmen, Verletzungen der **Haut** oder durch den Mund in den Körper gelangt.

Giraffe, die

Giraffen sind die größten Landsäugetiere der Welt. Sie können eine Körperhöhe von bis zu 6 m erreichen. Ihr Lebensraum ist die **Steppe Afrikas**. Giraffen ernähren sich vor allem von den **Blättern** der **Baum**kronen, die für die anderen Tierarten unerreichbar sind.

Glas, das

Wenn Sand, Soda und Kalk vermischt und zusammen geschmolzen werden, entsteht flüssiges Glas. Diese Glasschmelze kann zu Flaschen, Gläsern oder Scheiben verarbeitet werden. Schon seit mehr als 5000 Jahren können die **Menschen** Glas herstellen.

Gletscher, der

Gletscher sind große Eisflächen, die sich auf hohen Bergen und an den Polkappen aus **Schnee** gebildet haben. Sie entstehen, wenn über das **Jahr** mehr Schnee fällt als abschmelzen kann. Mit seinem Gewicht drückt der Neuschnee die alten Schneeschichten zusammen, die dadurch zu Eis werden. Die Eisschicht schiebt sich langsam Richtung Tal. Durch ihre Größe und ihr hohes Gewicht verändern Gletscher die Landschaft.

Globus, der

Ein Globus ist die verkleinerte Nachbildung der **Erde** oder eines anderen Himmelskörpers. Auf einem Globus der Erde kann man die **Ozeane**, **Kontinente** und Länder erkennen. Das Wort Globus kommt aus dem Lateinischen und bedeutet Kugel.

Glühlampe, die

Eine Glühlampe ist eine Lichtquelle, sie wandelt **Strom** in Wärme und **Licht** um. In einem Glaskolben verläuft ein dünner Draht, durch den Strom fließt und der dadurch zum Glühen gebracht wird. Etwa 95 % der **Energie** werden allerdings in Wärme umgewandelt. Seit etwa 1820 wurde die Idee der Glühlampe entwickelt. Thomas Alva Edison gilt als Erfinder der Glühbirne. Inzwischen gibt es Energiesparlampen, die weniger Energie verbrauchen als Glühlampen. In vielen Ländern dürfen diese nach und nach nicht mehr verkauft werden.

Gott

Zu jeder **Religion** gehört der Glaube an einen Gott oder mehrere Götter. Er gilt als eine nicht sichtbare, allmächtige

und allwissende Macht. Viele **Menschen** glauben, dass er die Welt geschaffen hat und dass er das Leben der Menschen lenkt. Sie beten zu ihm und verehren ihn.

Grammatik, die

Jede **Sprache** ist nach bestimmten Regeln aufgebaut. Wie wird ein Satz gebildet? An welcher Stelle stehen welche Wörter? Wie verändert sich der Satz, wenn wir über etwas sprechen, das in der Vergangenheit liegt? Die Grammatik ist das Regelwerk einer Sprache.

Greifvogel, der

Greifvögel schlagen ihre Beute mit kräftigen, gebogenen Krallen und einem kurzen, gekrümmten Schnabel. Sie haben sehr scharfe **Augen** und ein gutes Gehör. Weltweit gibt es etwa 300 Arten, nur in der **Antarktis** kommen sie nicht vor. **Adler**, **Geier**, **Falken** und **Bussarde** gehören zu den Greifvögeln.

Haar, das

Menschen und **Säugetiere** haben fast am ganzen Körper Haare. Nur unsere Handflächen, unsere Fußsohlen und Lippen sind unbehaart. Haare bestehen aus Horn. Die **Farbe** der Haare hängt von den Pigmenten, den körpereigenen Farbstoffen, ab. Ein Mensch hat ungefähr 100 000 bis 150 000 Haare auf dem Kopf, die etwa 1 cm im Monat wachsen. Das **Fell** der **Tiere** dient vor allem als Schutz gegen Kälte oder Hitze.

Hafen, der

Ein Hafen ist der Ort, an dem **Schiffe** ankern und anlegen können. Meist liegen Häfen an einer **Fluss**mündung oder in einer **Meeres**bucht, wo sie vor Sturm und hohen Wellen gut geschützt sind. Im Hafen können Schiffe mit Waren be- und entladen werden. In großen Häfen gibt es Docks, in denen Schiffe repariert werden können.

Hagel, der

Hagelkörner sind Eiskörner, die bei einem Unwetter auf die **Erde** fallen. In hohen, wasserreichen **Wolken** entstehen starke Luftbewegungen, in denen **Wasser**tropfen herumgewirbelt werden. Gelangen sie in die höheren, kälteren Schichten, gefrieren sie zu Eiskörnern. Jedes Mal, wenn sie wieder hochgetragen werden, friert eine neue Schicht an. So werden sie immer größer, manchmal so groß wie Tennisbälle, und fallen schließlich zu Boden.

Hai, der

Haie gehören zu den **Fischen**. Sie kommen in allen großen **Meeren** vor. Ihre Nahrung besteht hauptsächlich aus Fischen, **Krebsen**, **Robben** oder **Plankton**. Haie haben ein Revolvergebiss. Es besteht aus mehreren hintereinanderliegenden Zahnreihen. Fällt ein **Zahn** aus, rückt einer aus der nächsten Reihe nach vorne und ersetzt ihn. Das **Skelett** der Haie besteht nicht aus **Knochen**, sondern aus Knorpel. Die ersten Haiarten gab es schon vor etwa 400 Mio. Jahren – noch vor den **Dinosauriern**.

Weißer Hai

Hamster, der

Hamster sind nachtaktive **Nagetiere**. Sie fressen Körner, **Früchte** und **Wurzeln**. In ihren Backentaschen sammeln sie Nahrung, die sie dann in ihrem unterirdischen Bau als

Wintervorrat lagern. In **Europa** kommt der Feldhamster vor. Der Goldhamster, der gern als **Haustier** gehalten wird, stammt aus der Türkei und Syrien.

Harnblase, die

Die Harnblase ist ein Hohl**organ**, das aus **Muskel**gewebe besteht. In ihm wird der Urin, der aus den **Nieren** einfließt, gespeichert. Ist die Blase bei einem Erwachsenen mit etwa 250 bis 500 ml gefüllt, muss er sie entleeren. Er geht zur Toilette.

Siehe auch: Organ

Hase, der

Hasen sind **Säugetiere**. Sie leben auf Feldern und Wiesen. Ihre Nahrung besteht vor allem aus Gräsern, **Blättern** und Blüten. Hasen können sehr gut hören und riechen. Wenn Feinde, wie etwa **Greifvögel** und **Füchse**, in der Nähe sind, drücken sie sich erst flach auf den Boden, rennen dann schnell weg und schlagen dabei Haken. Die Mulden, in denen Hasen Schutz suchen und ihre Jungen zur Welt bringen, werden Sassen genannt.

Haushuhn, das

Hühner sind weitverbreitete Nutztiere, ihr Fleisch und die **Eier** sind fast weltweit wichtige Nahrungsmittel. Hühner scharren im Boden nach Körnern, **Insekten** und **Würmern**. Die Hähne haben ein auffälligeres Gefieder als die Hennen. Durch sein Krähen markiert der Hahn sein Revier. Ein Haushuhn kann bis zu 300 Eier im Jahr legen. Die **Farbe** der Eier hängt von der Hühnerrasse ab.

Haustier, das

Tiere, die von **Menschen** gehalten werden, entweder zum Vergnügen oder zur Nutzung, nennen wir Haustiere. Die meisten Haustiere stammen von Wildtieren ab, die der Mensch im Laufe der Zeit gezähmt und gezüchtet hat. Nutztiere sind z. B. **Rinder**, **Schweine** oder **Schafe**. Andere Tiere, wie **Pferde** oder Esel, halfen früher bei der Arbeit. **Hunde** oder **Katzen** werden von Menschen als Gefährten gehalten, Pferde auch für den Sport.

Haut, die

Die Haut ist die äußere Schicht unseres Körpers. Sie ist unser größtes **Organ** und erfüllt viele Funktionen. Sie schützt uns vor Verletzungen und **Krankheit**serregern und reguliert die Körpertemperatur. Außerdem ist sie eines unserer **Sinnesorgane**, mit ihr nehmen wir die **Temperatur**, **Schmerz** und Berührungen wahr. In den verschiedenen Schichten der Haut befinden sich **Nervenzellen**, **Blut**gefäße, Schweißdrüsen, Talgdrüsen und **Haar**wurzeln. Welche **Farbe** die Haut hat, wird durch die Anzahl der Farbstoffe, Pigmente genannt, in der Haut bestimmt.

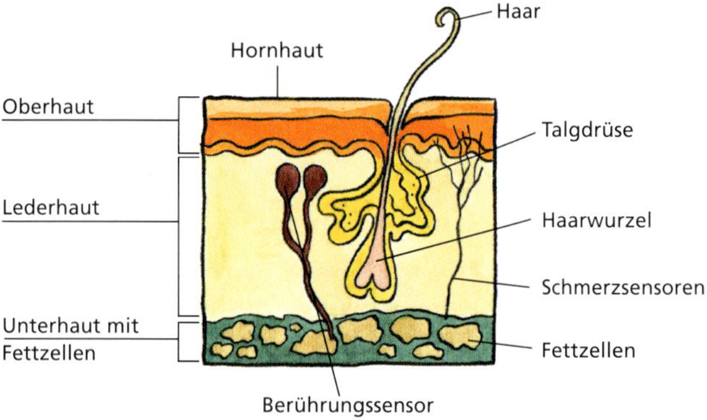

Heißluftballon, der

Ein Heißluftballon ist ein Luftfahrzeug, das ohne **Motor** aufsteigt. Die **Luft** im Ballon wird erhitzt. Dadurch wird sie leichter als die umgebende Luft und der Ballon hebt ab. Die Ballonfahrer können die Flughöhe des Ballons steuern, aber nicht die Flugrichtung.

Herz, das

Das Herz ist ein großer **Muskel**, der **Blut** durch die Blutgefäße in unserem Körper pumpt und so alle **Zellen** mit **Sauerstoff** versorgt.

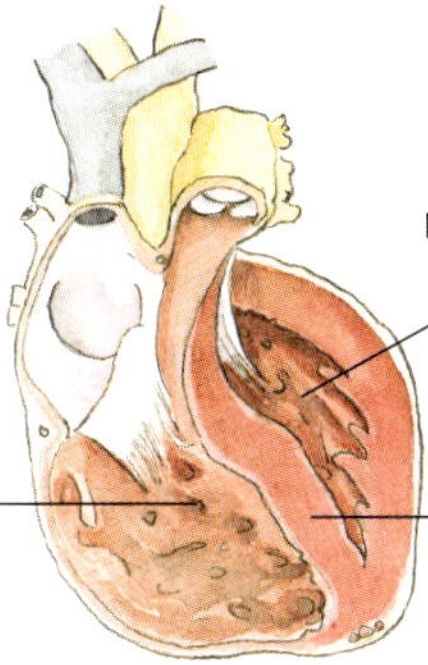

Heuschnupfen, der

Eine **Allergie** gegen bestimmte Pollen (Blütenstaub) nennen wir Heuschnupfen. Während der Blütezeit mancher **Pflanzen** reagiert der Körper von **Menschen**, die unter Heuschnupfen leiden, mit Niesen, Schnupfen und juckenden **Augen**.

Himmel, der

Wenn du nach oben blickst, siehst du in den Himmel. Er ist nicht die Hülle oder das Dach der **Erde**, wie es vielleicht scheint, sondern nur ein kleiner Ausschnitt des **Weltraumes**. Alles, was wir dort erkennen können, z. B. **Wolken**, **Sonne**, **Mond**, **Sterne** und **Vögel**, befindet sich für uns am Himmel. Stünden wir auf dem Mond, würden wir in einen anderen Ausschnitt des Weltraumes blicken und diesen als Himmel bezeichnen.

Himmelsrichtung, die

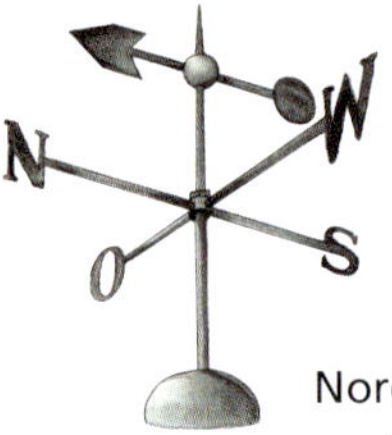

Die Himmelsrichtungen Norden, Süden, Westen und Osten helfen bei der Orientierung. Bei uns können wir sie nach dem Stand der **Sonne** bestimmen. Sie geht im Osten auf, mittags steht sie im Süden, im Westen geht sie unter, im Norden steht sie nie. Auf Landkarten ist Norden immer oben, Süden unten, Westen links und Osten rechts. Ein **Kompass** dient zur Bestimmung der Himmelsrichtungen.

Hirsch, der

Hirsche sind im **Wald** lebende, **Pflanzen** fressende **Säugetiere**. Die männlichen Hirsche tragen ein Geweih, das sie zum Kämpfen mit anderen Hirschen und zum Werben um die Weibchen nutzen. Es besteht aus **Knochen** und wird jedes Jahr neu gebildet. In unseren Wäldern leben Rothirsche, Damhirsche und **Rehe**.

Homosexualität, die

Wenn ein **Mann** sich sexuell zu Männern hingezogen fühlt oder eine **Frau** sich zu Frauen, dann sind sie homosexuell. Homosexuelle Frauen werden auch Lesben, homosexuelle Männer auch Schwule genannt.

Horizont, der

Wenn du auf das offene **Meer** blickst, siehst du in der Ferne eine Linie, bei der **Himmel** und **Wasser** aneinanderstoßen. Diese Linie ist der Horizont. Bei einem weiten Blick über freies Land kannst du den Horizont dort erkennen, wo sich Himmel und Land berühren.

Hubschrauber, der

Ein Hubschrauber ist ein **Flugzeug**, das durch **Motor**kraft angetrieben wird. Er hat keine Tragflächen, sondern Rotoren, die bei der Drehung Auftrieb erzeugen. Ein Hubschrauber kann senkrecht starten und landen, in der **Luft** stehen, rückwärts und seitwärts fliegen. Der Rotor am Heck dient der Steuerung und sorgt dafür, dass sich der Hubschrauber nicht um sich selbst dreht. Hubschrauber werden auch Helikopter genannt.

Hund, der

Auf der ganzen Welt sind Hunde beliebte **Haustiere**. Es gibt mehr als 400 Hunderassen, sie alle stammen von den **Wölfen** ab. Die **Menschen** begannen vor mehr als 10 000 Jahren damit, Wölfe zu zähmen und zu züchten. Hunde sind treue Begleiter. Ihr Gehör und ihr Sehvermögen sind sehr gut ausgeprägt. Mit einer guten Ausbildung können sie zu Wachhunden oder auch Blindenhunden für den

Menschen werden. Alle Hunde sind Fleischfresser. Auch **Füchse** und Kojoten gehören zur Familie der Hunde.

Irischer Wolfshund

Chihuahua

Hunger, der

Wenn der Körper neue **Nährstoffe** braucht, entsteht ein Hungergefühl. Nährstoffe sind in der Nahrung enthalten, deshalb muss man etwas essen. Isst ein **Mensch** längere **Zeit** nichts, holt sich der Körper die Nährstoffe aus den Fettreserven. Wenn diese verbraucht sind, wird man kraftlos und anfällig für **Krankheiten**. In vielen armen Ländern, z. B. in **Afrika**, gibt es zu wenig Nahrungsmittel. Hier leiden viele Menschen ständig an Hunger.

Igel, der

Igel gehören zu den **Säugetieren**. Auf seinem Rücken hat ein Igel etwa 8000 Stacheln. Bei Gefahr rollt er sich zusammen und wird zu einer stachligen Kugel. So schützt er sich vor **Füchsen** und anderen Feinden. Igel leben in Parks, an **Wald**rändern und in Gärten. Sie sind in der Dämmerung und bei Nacht aktiv. Dann machen sie sich auf die Suche nach **Insekten**, **Würmern** und **Schnecken**.

Impfung, die

Vor manchen **Krankheiten** kann sich der **Mensch** durch eine Impfung schützen. Bei einer Impfung gegen z. B. Masern spritzt der Arzt einen Stoff mit ungefährlichen Masernerregern. An ihnen erkrankt der Körper nicht, aber die Bildung der Abwehrkörper wird angeregt. Kommt ein geimpfter Mensch später mit Masernerregern in Kontakt, kann der Körper schnell Abwehrzellen bilden und bleibt gesund.

Indianer, die

Wir bezeichnen die Ureinwohner Amerikas als Indianer. Viele verschiedene Stämme lebten seit Jahrtausenden in **Nord-** und **Südamerika**. Ab dem 16. Jh. kamen **europäische** Siedler nach Amerika. Sie nahmen den Ureinwohnern ihr Land und ihre Lebensgrundlage. Viele wurden getötet

oder starben an eingeschleppten Krankheiten. Es dauerte lange, bis die Ureinwohner als gleichberechtigte amerikanische Bürger anerkannt wurden. Und auch heute noch leben sie häufig unter schlechten Bedingungen. Die Bezeichnung „Indianer" geht wahrscheinlich auf Christoph Kolumbus zurück, der 1492 vermutete, er sei in Indien angekommen, obwohl er Amerika entdeckt hatte.

Indischer Ozean

Der Indische Ozean ist das drittgrößte Meer der Welt. Er erreicht eine Tiefe von bis zu 8000 m. Er grenzt an Asien, Afrika, Australien und die Antarktis.

Siehe auch: Weltkarte, Seite 224/225

Industrie, die

Die Industrie fördert Rohstoffe und produziert Waren in großer Menge. In Fabriken werden moderne Maschinen eingesetzt und die Menschen, die in der Industrie arbeiten, sind meist auf einzelne Aufgaben spezialisiert. Ein wichtiger Industriezweig in Deutschland ist die Autoindustrie.

Information, die

Eine Information ist eine Nachricht oder eine Mitteilung. Jeden Tag empfangen wir große Informationsmengen, die uns andere **Menschen**, **Zeitungen**, **Bücher**, Radio, Fernsehen oder das **Internet** liefern. Wir müssen bewerten, welche Informationen wichtig für uns sind und welche nicht. In der **Computer**technik wird der Begriff Information für die Daten verwendet, die verarbeitet werden.

Biene

Insekt, das

Alle Insekten haben 6 Beine. Ihr Körper ist in Kopf, Brust und Hinterleib unterteilt. Sie sind die artenreichste Gruppe des Tierreichs und kommen auf der ganzen Welt vor. Alle Insekten legen **Eier**. Aus dem Ei schlüpft eine **Larve**, die sich dann zum erwachsenen **Tier** entwickelt. Zu den Insekten gehören zum Beispiel **Käfer**, **Bienen**, **Läuse**, **Libellen** und Wanzen.

Wanze

Hirschkäfer

Internet, das

Das Internet ist ein weltweites Computernetzwerk. Viele **Computer** stehen über Datenleitungen oder **Satelliten** miteinander in Verbindung. Über diese Computer können die Internet-Nutzer Daten austauschen, z.B um elektronische Post, sogenannte E-Mails, zu verschicken. Außerdem können sich Einzelpersonen, Unternehmen oder Interessengemeinschaften im Internet mit einer Homepage vorstellen.

Inuit, die

Die Inuit leben in Grönland, in Nordkanada und in nordasiatischen Gebieten. Früher bewohnten sie im Sommer Zelte, im Winter Häuser, die aus Grassoden, Walknochen oder Torf gebaut waren. Sie lebten vom **Fisch**fang und jagten **Robben** und **Wale** mit Harpunen und Rentiere mit Pfeil und Bogen. Ihre Fortbewegungsmittel waren Kajaks und **Hunde**schlitten. Inzwischen hat sich die Lebensweise der Inuit verändert: Die meisten leben in Häusern, fahren mit **Motor**schlitten und gehen mit Gewehren auf die Jagd. Viele versuchen aber auch, die alten Gebräuche zu erhalten. Inuit bedeutet „**Menschen**".

ISS

ISS ist die Abkürzung für die Internationale Raumstation (International Space Station). Sie kreist im Abstand von etwa 350 km um die **Erde**. Seit dem Jahr 2000 ist sie dauerhaft bemannt. Die Astronauten sammeln Daten und führen Experimente durch, die zu neuen Erkenntnissen etwa für die Medizin, die Biologie und die Physik führen sollen.
15 Länder betreiben diese Station gemeinsam, unter ihnen auch **Deutschland** und die Schweiz.

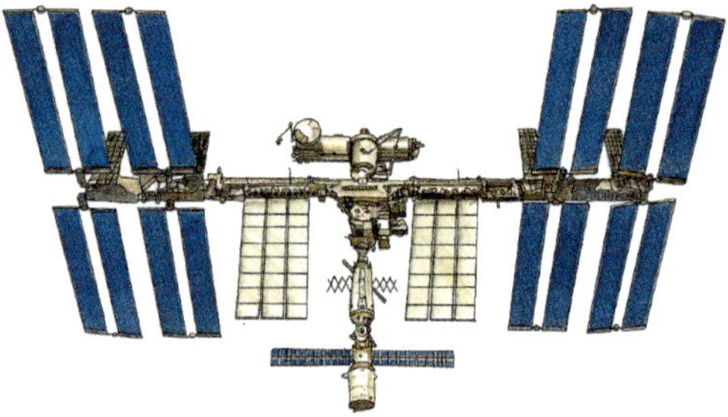

Jahr, das

Ein Jahr ist der Zeitraum, den die **Erde** braucht, um die **Sonne** einmal zu umkreisen. Das dauert 365 Tage und knappe 6 Stunden. Nach unserem **Kalender** ist ein Jahr genau 365 Tage lang. Um die zusätzlichen 6 Stunden auszugleichen, haben wir alle 4 Jahre ein Schaltjahr. Dann hat der Februar 29 Tage, also einen Tag mehr.

Jahreszeit, die

Bei uns, in den gemäßigten **Klimazonen**, unterteilen wir das **Jahr** in vier Zeitabschnitte: Frühling, Sommer, Herbst und Winter. Sie unterscheiden sich vor allem durch das **Wetter** und den Zeitpunkt von Sonnenaufgang und -untergang voneinander. Ursache für die Jahreszeiten ist der Stand der

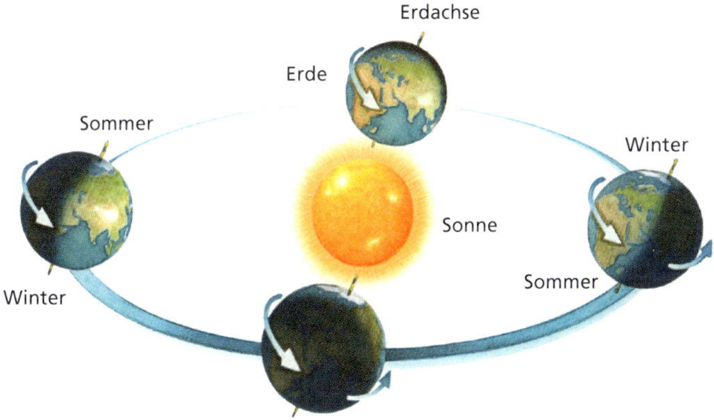

Sonne zur Erde. Zum Umkreisen der Sonne braucht die Erde ein Jahr. Die Erdachse, also die gedachte Linie zwischen Süd- und Nordpol, ist geneigt. Diese Neigung bleibt beim Weg um die Sonne immer in der gleichen Lage. Darum treffen die Sonnenstrahlen im Laufe des Jahres nicht gleichmäßig auf ein bestimmtes Gebiet. Ist der Nordpol der Sonne zugewandt, ist auf der Nordhalbkugel, also auch bei uns, Sommer. Ist der Südpol der Sonne zugewandt, ist bei uns Winter und auf der Südhalbkugel Sommer.

Jolly Roger

Die schwarze Flagge der Piratenschiffe wurde früher auch Jolly Roger genannt.

Journalist, der

Journalisten sammeln Informationen und Meinungen und wählen aus, welche davon für die Öffentlichkeit wichtig sind. Dann bearbeiten sie diese, um sie als verständliche Nachrichten zu verbreiten. Journalisten arbeiten bei Zeitungen, Zeitschriften, im Fernsehen, beim Hörfunk oder in Online-Redaktionen.

Totengräber

Käfer, der

Käfer gehören zu den **Insekten**. Es gibt sie auf der ganzen Welt. Sie haben vier Flügel: Das vordere Flügelpaar ist hart und schützt die zusammengefaltet darunter liegenden weichen Hinterflügel. Zum Flug nutzen Käfer nur die Hinterflügel. Käfer sind die größte Tiergruppe, zurzeit sind etwa 350 000 Arten bekannt und jedes Jahr werden neue entdeckt.

Großer Eichenbockkäfer

Kaffee, der

Der Kaffeestrauch wird in **Südamerika**, **Afrika** und **Asien** angebaut. Er trägt rote **Früchte**, die Kirschen ähnlich sehen. Jede Frucht trägt zwei **Samen**, die Kaffeebohnen. Nach der Ernte werden sie geröstet, bis sie braun sind. Dann werden sie zu einem Pulver zermahlen, aus dem der Kaffee zubereitet wird. Kaffee enthält Koffein. Es wirkt anregend, kann aber auch nervös machen.

Kakao, der

Der Kakaobaum wächst vor allem in Mittelamerika, West**afrika** und Indonesien. In seinen großen, länglichen **Früchten** befinden sich bis zu 50 Kakaobohnen. Unbehandelt sind sie ungenießbar, sie müssen

getrocknet, geröstet und von Säuren befreit werden. Nach diesem aufwendigen Verfahren können die Bohnen zu Schokolade oder Kakaopulver verarbeitet werden.

Kaktus, der

Kakteen sind **Pflanzen**, die mit wenig **Wasser** überleben können. Ursprünglich wuchsen sie in Amerika, inzwischen haben sie sich auch z. B. in Süd**europa** angesiedelt. Die dicke äußere Wachsschicht hält die Verdunstung gering. Die Dornen sind umgewandelte **Blätter**. Dornen und Wolle schützen die Pflanze vor der starken Sonneneinstrahlung und vor hungrigen **Tieren**. In ihrem meist dicken Spross speichern Kakteen Wasser.

Kalender, der

Ein Kalender dient der Einteilung der **Zeit** in **Tage**, Wochen, Monate und **Jahre**. In **Europa** galt etwa 1500 Jahre lang der Kalender, den der römische Kaiser Julius Cäsar im Jahre 45 v. Chr. eingeführt hatte. 1582 verbesserte der damalige Papst Gregor XIII. diesen Kalender, indem er alle vier Jahre ein Schaltjahr einfügte. Inzwischen wird der gregorianische Kalender weltweit genutzt.

Kamel, das

Kamele sind widerstandsfähige und genügsame **Säugetiere**. An das Leben in **Wüsten** und **Steppen** sind sie gut angepasst: Ihre Nasenlöcher verschließen sich bei Sandstürmen, lange Wimpern schützen die **Augen** und ihre Füße sind breit, damit sie nicht im Sand versinken. Kamele speichern Fett in ihren Höckern und kommen lange ohne **Wasser** aus. Für die **Menschen** in den Wüstengebieten sind sie wichtige Arbeits- und Lasttiere. Zu den Kamelen gehören die einhöckerigen Dromedare, die höckerlosen Lamas und die zweihöckerigen Trampeltiere.

Dromedar

Kanal, der

Kanäle sind künstlich angelegte Wasserwege. Sie können als Wasserstraße für den **Schiff**sverkehr, zur Entwässerung feuchter oder zur Bewässerung trockener Gebiete dienen. Der Nord-Ostsee-Kanal verbindet Nord- und Ostsee miteinander, der Mittellandkanal Elbe und Rhein.

Känguru, das

Kängurus gehören zu den Beuteltieren. Wir kennen etwa 60 Arten, die fast ausschließlich in **Australien** heimisch sind. Manche Arten sind so klein wie Hasen, andere, wie das Rote Riesenkänguru, können fast 2 m groß werden. Ein Kängurujunges ist bei seiner Geburt nur etwa halb so lang wie dein Daumen. Es kriecht sofort in den Beutel der Mutter, wo es sich an einer Zitze festsaugt. Dort wird es monatelang gesäugt, bis es schließlich zu groß für den Beutel ist und diesen verlässt.

Kaninchen, das

Kaninchen gehören zu der Familie der **Hasen**. Sie leben in Gruppen zusammen und graben weitverzweigte, unterirdische Baue, in denen sie Schutz suchen und ihre Jungen großziehen. Sie bekommen vier- bis siebenmal im Jahr Junge. Ursprünglich stammen Kaninchen aus dem Mittelmeergebiet, inzwischen sind sie aber weitverbreitet. Durch ihre schnelle Vermehrung wurden sie in **Australien** zu einer Plage.

Karies, die

Karies ist eine **Zahnkrankheit**. Wird die harte Schutzschicht eines Zahnes, der Zahnschmelz, angegriffen, können **Bakterien** eindringen und dem Zahn schaden. Es entstehen schwarze Stellen und Löcher. Am Anfang sind sie klein, werden aber schnell größer, wenn sie nicht von einem Zahnarzt behandelt werden.

Kartoffel, die

Die unter der Erde wachsende Knolle der Kartoffelpflanze nennen wir Kartoffel. Sie gehört zu unseren wichtigsten Nahrungsmitteln. Ursprünglich stammt die Kartoffelpflanze aus **Südamerika**, von dort brachten sie die spanischen Seefahrer vor etwa 500 Jahren nach **Europa**. Die Kartoffel ist gesund, aber alle grünen **Pflanzenteile** der Kartoffelpflanze sind giftig. Auch sollten wir die Knolle nicht roh essen oder wenn sie grüne Verfärbungen zeigt.

Katze, die

Katzen sind **Raubtiere**, die fast auf der ganzen Welt vorkommen. Wir unterscheiden etwa 40 Arten, die wir grob in Kleinkatzen (z. B. Luchs, Puma, Wildkatze) und Großkatzen (z. B. **Tiger**, **Löwe, Leopard**) unterteilen. Bis auf die **Geparde** können alle Katzen ihre Krallen vollständig einziehen. Vor allem das Gehör, der Tastsinn und der Gleichgewichtssinn der Katzen sind sehr gut ausgeprägt. Schon vor mehr als 7000 Jahren begannen die **Menschen**, Katzen als **Haustiere** zu halten.

Kirche, die

Eine Kirche ist ein **Gottes**haus, in dem sich Christen treffen, um Gottesdienste zu feiern, zu beten und Taufen, Hochzeiten oder Beerdigungen zu begehen. Kirchen gibt es auf der ganzen Welt, sind sie besonders groß, nennen wir sie Dom oder Kathedrale. Auch die Glaubensgemeinschaft der Christen bezeichnen wir als Kirche. Sie ist unterteilt in die evangelische und die katholische Kirche und noch einige weniger verbreitete christliche Glaubensrichtungen.

Klima, das

Klima ist der über einen langen Zeitraum, etwa 30 Jahre, in einem bestimmten Gebiet herrschende **Wetter**verlauf. Das Klima einer Region hängt vor allem von drei Faktoren ab. 1. Die geografische Lage: Z.B. ist es am **Äquator** wärmer als am **Nordpol**, weil die **Sonnen**einstrahlung dort höher ist. 2. Die Lage zum **Meer**: Ist der Ort in Meeresnähe, ist es feuchter als im Binnenland. 3. Die Höhenlage: In den Bergen ist es kälter als im Tal.

Klimazone, die

Klimazonen sind Gebiete der Erde, in denen das Klima weitgehend einheitlich ist. Sie umspannen die Erde wie einzelne Gürtel. Klimazonen bestehen, weil die Sonne die Erde nicht gleichmäßig bestrahlt, sondern z. B. am Äquator viel intensiver scheint als bei uns. Wir unterscheiden fünf Klimazonen: die Tropen, die Subtropen, die warme gemäßigte Zone, die kalte gemäßigte Zone und die Polarzone.

Polarzone | Kalte gemäßigte Zone | Warme gemäßigte Zone | Subtropische Zone | Tropische Zone

Kloster, das

In einem Kloster leben Mönche oder Nonnen zurückgezogen in einer Religionsgemeinschaft zusammen. Sie widmen ihr Leben ihrem Gott und ihrem Glauben, heiraten nicht, leben bescheiden und abgeschieden und folgen den Regeln ihrer Religion. Im Mittelalter wurden viele Klöster errichtet.

Knochen, der

Beim Menschen und bei den **Wirbeltieren** stützen Knochen den Körper und schützen bestimmte **Organe**, wie etwa das **Herz**. Knochen sind von einer Knochenhaut umhüllt, in die **Blut**gefäße und **Nerven** führen. Alle Knochen zusammen bilden das **Skelett**. Wir haben als Säuglinge ungefähr 300 Knochen, später dann nur noch etwa 200, weil im Laufe der Entwicklung manche Knochen zusammenwachsen.

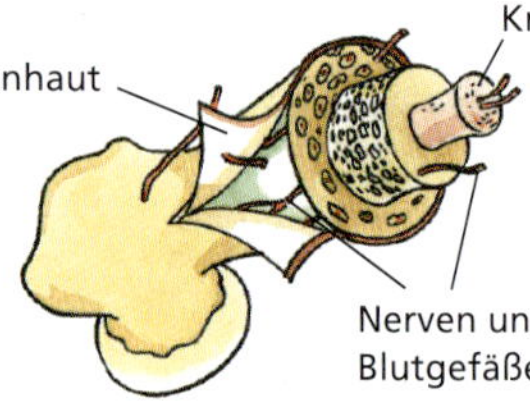

Kohle, die

Kohle ist ein Brennstoff, der im Laufe von vielen Millionen Jahren aus abgestorbenen **Pflanzen** entstand. Steinkohle lagert tief in der **Erde** und ist sehr alt, Braunkohle ist leichter zugänglich und etwas jünger. Noch jünger ist Torf. Früher war Kohle als Heizmittel sehr wichtig, inzwischen nutzen wir vor allem **Erdgas** und **Erdöl** als **Energie**lieferanten.

Kolibri, der

Kolibris sind kleine Vögel, die nur in Nord- und Südamerika vorkommen. Mit ihrem langen Schnabel saugen sie Nektar aus den Blüten. Sie können im sogenannten Schwirrflug auf der Stelle stehen bleiben, nach oben, nach unten und sogar rückwärts fliegen.

Christoph Kolumbus

Christoph Kolumbus war ein Seefahrer. Er wurde wahrscheinlich 1451 in der italienischen Stadt Genua geboren. Sein großes Ziel war es, von Europa aus Indien auf dem Seeweg nach Westen zu erreichen. 1492 stach Kolumbus in See und erreichte nach einigen Monaten eine Insel, die südöstlich der USA liegt und heute zu den Bahamas gehört. Da er meinte, in Indien angekommen zu sein, nannte er die Bewohner Indianer. Heute wissen wir, dass Kolumbus nicht der Erste war, der Amerika erreicht hatte. Schon 500 Jahre zuvor waren Isländer mit ihren Schiffen dort gewesen.

Komet, der

Kometen sind Himmelskörper, die aus Gas, Eis, Staub und Gesteinsteilchen bestehen. Sie umkreisen die Sonne in großen Bahnen. Es gibt Kometen, die für eine Umlaufbahn Tausende von Jahren brauchen. Kometen werden auch Schweifsterne genannt, weil sie einen aus Staub bestehenden Schweif hinter sich herziehen, der viele Millionen Kilometer lang sein kann. Von der Erde aus können wir Kometen beobachten, die sich in der Nähe der Sonne befinden.

Kompass, der

Mit einem Kompass können wir die Himmelsrichtungen bestimmen. Die drehbare Kompassnadel zeigt immer nach Norden und nach Süden. Sie ist ein Magnet und richtet sich auf den Süd- bzw. Nordpol aus, da die Erde selbst auch magnetisch ist. Sind Stromleitungen oder große Eisenmengen in der Nähe, kann ein Kompass ungenau werden.

Komponist, der

Ein Komponist denkt sich **Musik**stücke aus und schreibt sie auf.

Kompost, der

Wenn **Pflanzen**reste, Küchenabfälle und Laub verrotten, entsteht gute Gartenerde, die wir Kompost nennen. Am besten bildet sich Kompost, wenn die pflanzlichen Abfälle so aufgeschichtet werden, dass gut **Luft** darankommt. **Würmer**, **Käfer**, Asseln und **Bakterien** besiedeln den Komposthaufen, fressen die Pflanzenreste, scheiden Teile davon wieder aus und helfen so bei der Zersetzung.

Kondom, das

Ein Kondom ist eine Hülle aus dünnem Gummi. Wenn es vor dem Geschlechtsverkehr über den Penis des **Mannes** gezogen wird, gelangen die Spermien nicht in die Scheide der **Frau** und sie kann nicht schwanger (siehe: **Schwangerschaft**) werden. Ein Kondom ist also ein Verhütungsmittel. Es schützt auch vor einer möglichen Ansteckung mit **Aids**.

Konflikt, der

Ein Konflikt ist ein Streit oder eine Auseinandersetzung. Er entsteht, wenn unterschiedliche Interessen, Ziele oder Werte einzelner **Menschen**, Gruppen oder auch **Staaten** aufeinandertreffen.

Kontinent, der

Kontinente sind die großen zusammenhängenden Landgebiete der **Erde**. Wir unterscheiden **Afrika**, **Australien**, **Asien**, **Europa**, **Nordamerika**, **Südamerika** und **Antarktika**. Sie sind von **Wasser** umgeben und meist nicht miteinander verbunden – einzige Ausnahme sind Asien und Europa, die eine

lange Grenze haben. Vor etwa 250 Mio. Jahren gab es auf der Erde nur einen großen Kontinent. Dieser zerbrach im Laufe der Zeit in die Kontinente, die wir heute kennen. Noch immer bewegen sich die Landmassen: Europa und Amerika entfernen sich etwa zwei Zentimeter im Jahr voneinander. Ein anderes Wort für Kontinent ist Erdteil.

Siehe auch: Weltkarte, Seite 224/225

Koran, der

Der Koran ist das heilige Buch des Islam. In ihm steht die Botschaft Allahs, so heißt **Gott** bei den Muslimen, an die Menschen. Der Koran gibt z. B. vor, was Recht und was Unrecht ist, wie Muslime sich verhalten sollen, was sie essen und wie sie sich waschen sollen.

Kosmos, der

Siehe: Weltall

Krankheit, die

Wenn der Körper eines **Menschen** oder ein Teil davon nicht richtig funktioniert, sprechen wir von einer Krankheit. Das Wohlbefinden ist eingeschränkt. Wann ein Mensch sich krank fühlt, ist sehr unterschiedlich. Manchen geht es mit einem Schnupfen schlecht, andere sind damit noch sehr munter.

Kräuter, die

Thymian

Kräuter nennen wir die **Pflanzen**, von denen wir frische oder getrocknete **Blätter** oder **Blüten** zum Verfeinern von Speisen nutzen können. Sie geben dem Essen einen besonderen Geschmack. Petersilie, Pfefferminz, Fenchel oder Basilikum sind Kräuter. Aus manchen Kräutern kann man auch **Tee** kochen. Kräuter gehören zu den **Gewürzen**.

Krebstiere, die

Zu der Tiergruppe der Krebstiere gehören weltweit etwa 40 000 Arten. Die meisten leben im **Wasser**, haben einen Panzer, zwei Paar Antennen und Kiemen. Wenn sie wachsen, werfen sie den alten Panzer ab und bilden einen neuen. Strandkrabben, Seepocken, Garnelen und Hummer gehören zu den Krebstieren.

Krabbe

Kreuzzug, der

Zwischen 1095 und 1254 n. Chr. schickten europäische Herrscher christliche **Ritter** und Krieger in das „Heilige Land" Palästina, um gegen die Muslime zu kämpfen. Diese hatten christliche Gebiete erobert. In den ins-gesamt sieben Kreuzzügen ging es nicht nur um die Eroberung von religiösen Stätten, sondern auch um die Durchsetzung des christlichen Glaubens, um Landgewinn und Macht. Tausende starben bei den Kreuzzügen an **Krankheiten**, an **Hunger** oder im Kampf.

Krieg, der

Krieg ist ein bewaffneter Kampf zwischen Ländern oder zwischen Bevölkerungsgruppen innerhalb eines Landes. Auslöser können z. B. das Streben nach mehr Land, mehr Macht und Reichtum sein oder die Verbreitung der eigenen **Religion**. In jedem Falle lösen Kriege großes Leid aus – **Menschen** sterben oder werden verletzt, Städte und Landschaften werden zerstört.

Krokodil, das

Krokodile gehören zu den **Reptilien**. Sie leben in den tropischen (siehe: **Tropen**) und subtropischen Gebieten der Welt.

Stundenlang können sie bewegungslos an Land oder im Wasser ausharren; kommt dann ein Beutetier in ihre Nähe, schnappen sie blitzschnell zu. Sie verschlucken ihre Beute ganz oder in Teilen. Krokodile wachsen ihr Leben lang. Das Nilkrokodil kann bis zu 7 m lang werden, dann ist es etwa 100 Jahre alt. Krokodile gab es schon zu Zeiten der Dinosaurier.

Kröte, die

Kröten gehören zu den Amphibien. Weltweit gibt es etwa 500 Arten, in Deutschland leben nur 4 davon. Kröten haben eine warzige Haut. Manche sondern einen giftigen Schleim ab. Sie ernähren sich vor allem von Insekten und Nacktschnecken. Im Frühjahr machen sich die Kröten von ihrem Winterquartier zu Seen oder Tümpeln auf, um dort ihren Laich abzulegen. Bei diesen Krötenwanderungen sind manchmal Tausende von Tieren unterwegs und Straßen, die sie überqueren, müssen für die Autos gesperrt werden.

Kuckuck, der

Der Kuckuck lebt in Nordafrika, Europa und Asien. Er baut kein eigenes Nest, sondern legt seine Eier in die Nester anderer Vögel. Diese brüten dann das fremde Ei mit aus. Nach dem Schlüpfen wirft das

Kuckuck-Küken die anderen Eier oder Jungvögel aus dem Nest, damit es genug Platz und Nahrung bekommt. Der Kuckuck gehört zu den **Zugvögeln** und überwintert in **Afrika**.

Kuh, die

Siehe: Rind

Kultur, die

Der Begriff Kultur umfasst alles, was **Menschen** geschaffen haben. Dazu gehören **Sprache** und **Schrift**, **Musik** und Malerei, **Architektur**, **Mode**, Wissenschaft, **Religion**, Ideen, Werte und die Form des menschlichen Zusammenlebens. Jedes Volk und jede Gemeinschaft hat ihre Kultur. Der Gegensatz zur Kultur, also die nicht vom Menschen geformte Umwelt, ist die **Natur**.

Kunst, die

Kunst entsteht, wenn ein **Mensch** ein besonderes Werk entwickelt und schafft, das noch niemand vor ihm auf diese Weise geschaffen hat. Schöpfungen im Bereich der **Musik**, der Literatur, der Malerei, der Bildhauerei und bei Schauspiel und Tanz sind zum Beispiel Kunstwerke. Um ein Kunstwerk zu schaffen, braucht der Künstler Begabung, Geschick und Können.

Laich, der

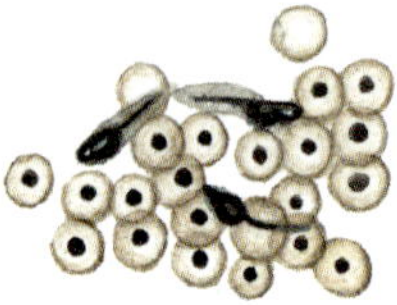

Die **Eier** von **Fischen**, **Amphibien** und Wasser**schnecken** nennen wir Laich. Die Weibchen legen ihn im Wasser ab, meist an Wasserpflanzen oder am Boden, anschließend befruchten die Männchen die Eier.

Längengrad, der

Um die Lage jedes Ortes auf der Welt genau bestimmen zu können, gibt es ein gedachtes Liniennetz der **Erde**, das Gradnetz. Es ist in 360 Längen- und 180 **Breitengrade** unterteilt. Den längsten Längengrad nennen wir Nullmeridian. Er verläuft durch den Londoner Vorort Greenwich. Der Längengrad eines Ortes gibt an, wie weit dieser vom Nullmeridian entfernt ist. Liegt er östlich von diesem, sagt man östliche Länge. Liegt er in westlicher Richtung, heißt es westliche Länge.

Siehe auch: Weltkarte, Seite 224/225

Larve, die

Eine Larve ist die Entwicklungsstufe zwischen **Ei** und erwachsenem **Tier**. Bei **Insekten** und **Amphibien** schlüpfen aus den Eiern oft Larven, die noch ganz anders aussehen als später die erwachsenen Tiere. Die Larven der **Fliegen** sind die Maden, bei **Schmetterlingen** sind es Raupen und bei **Fröschen** Kaulquappen.

Laus, die

Läuse gehören zu den **Insekten**. Sie sind Parasiten, das heißt, sie leben auf anderen Lebewesen und ernähren sich von diesen. Kopfläuse sitzen auf dem Kopf von **Menschen** oder im **Fell** von **Tieren** und saugen **Blut**. Der Stich löst einen Juckreiz aus. Ihre **Eier**, die Nissen, legen sie am **Haar**-schaft ab. Mit einem Mittel aus der Apotheke können die Läuse gut bekämpft werden. Es gibt auch Kleiderläuse und Blattläuse.

Blattlaus

Lava, die

Siehe: Vulkan

Leber, die

Die Leber ist ein wichtiges am **Stoffwechsel** beteiligtes **Organ**. Sie liegt unter den unteren Rippen der rechten Körperseite. In der Leber werden nahezu alle Nahrungsbestandteile überprüft und so umgebaut, dass der Körper sie verwerten kann. Schädliche oder verbrauchte Stoffe werden von der Leber aussortiert und über den **Darm** ausgeschieden.

Leichtathletik, die

Siehe auch: Sport

Leopard, der

Leoparden sind Großkatzen. Sie leben in den Steppen und Regenwäldern Afrikas und Asiens. Zu ihren Beutetieren gehören vor allem Gazellen und Antilopen, an die sie sich anschleichen, um dann schnell aus der Nähe anzugreifen. Leoparden können sehr gut klettern. Schwarze Leoparden nennen wir Panther.

Libelle, die

Libellen gehören zu den Insekten. Sie leben in der Nähe von Flüssen, Teichen oder Seen. Libellen können schnell und geschickt fliegen. Sie jagen ihre Beute, andere Insekten, im Flug. Ihre Eier legen sie im Wasser ab. Die Larven leben im Durchschnitt etwa ein bis zwei Jahre im Wasser. Die Lebensdauer der erwachsenen Libelle liegt bei nur etwa 6 bis 8 Wochen. Libellen können nicht stechen.

Licht, das

Licht ist eine Form von Energie – ebenso wie etwa Wärme oder Elektrizität. Wir brauchen Licht, um etwas sehen zu können. Von einer Lichtquelle, z. B. der Sonne oder einer Lampe, breiten sich Lichtwellen aus. Weißes Licht setzt sich aus mehreren Wellenlängen zusammen. Treffen diese Lichtwellen auf einen Gegenstand, nimmt dieser bestimmte Wellenlängen auf, andere wirft er zurück – so entstehen Farben. Lichtwellen breiten sich sehr schnell aus, sie legen etwa 300 000 km in der Sekunde zurück.

Liebe, die

Liebe ist das stärkste Gefühl der Zuneigung, das wir einem Menschen oder auch Tier gegenüber empfinden können.

Löwe, der

Löwen sind in Rudeln lebende Großkatzen. Sie kommen in der afrikanischen Steppe und in einem kleinen Gebiet in Indien vor. In einem Rudel leben meist ein bis vier Männchen und mehrere Weibchen und Jungtiere. Die Männchen verteidigen das Revier des Rudels gegen Eindringlinge. Die weiblichen Löwen gehen gemeinsam auf die Jagd nach Büffeln, Antilopen oder Zebras. Das Rudel teilt sich die Beute, die Männchen fressen zuerst. Sind die Löwen satt, liegen sie viele Stunden am Tag träge im Schatten.

Löwenzahn, der

Der Löwenzahn ist eine weitverbreitete, anspruchslose **Pflanze**. Aus seinen gelben **Blüten** bilden sich etwa Ende Mai weiße, kugelige Samenstände. Die **Samen** sind wie kleine Fallschirme, sie werden vom **Wind** verteilt. Wegen seiner langen **Wurzeln** kann der Löwenzahn auch zwischen Steinen oder auf trockenem Boden wachsen.

Luft, die

Luft ist ein Gemisch aus verschiedenen **Gasen**, das die **Erde** in einer Schicht, der **Erdatmosphäre**, umgibt. Luft besteht vor allem aus Stickstoff, **Sauerstoff** und **Wasserdampf**. Alle Lebewesen brauchen Luft zum Atmen (siehe: **Atmung**). Außerdem ist Luft notwendig, damit sich **Schall**wellen ausbreiten, das heißt, dass wir ohne Luft nichts hören könnten.

Luftdruck, der

Auch **Luft** hat ein Gewicht. Wir nennen das Gewicht, das die Luft auf uns ausübt, Luftdruck. In Bodennähe wird die Luft durch die darüberliegende Atmosphäre zusammengedrückt. Je höher man kommt, desto geringer wird der Druck. Die Bewegungen der Luftmassen in der **Erdatmosphäre** beeinflussen das **Wetter**. Wir messen den Luftdruck mit einem **Barometer**.

Lunge, die

Die Lunge ist das **Organ**, mit dem wir atmen. Die beiden Lungenflügel liegen rechts und links im Brustkorb. Durch die Luftröhre gelangt die eingeatmete **Luft** in die Bronchien – das sind dünne Röhren in der Lunge, die sich immer weiter verzweigen und schließlich in viele kleine Bläschen münden. Hier wird der Luft**sauerstoff** an das **Blut** abgegeben und von diesem zu allen Körper**zellen** transportiert.

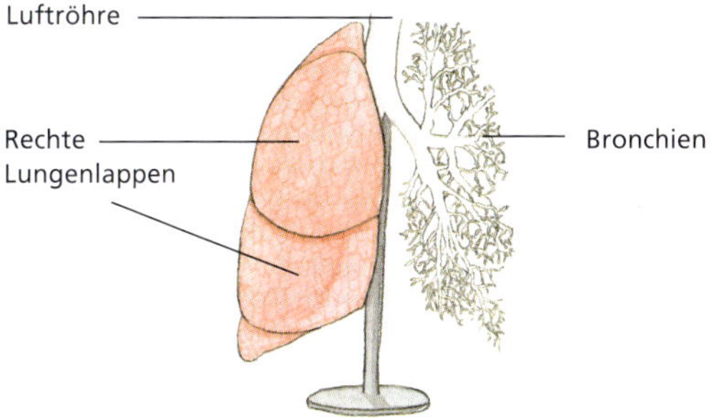

Magen, der

Der Magen ist ein **Verdauungsorgan**. Er besteht aus **Muskeln** und ist hohl. Seine Aufgabe ist das kurzzeitige Speichern und das Zerlegen der Nahrung. Durch die Speiseröhre gelangt die Nahrung in den Magen. Dort vermischt sie sich mit Magensäure, einer Flüssigkeit, die die Nahrung auflöst, damit der Körper die Bestandteile verarbeiten kann. Bei manchen Nahrungsmitteln, etwa **Gemüse**, dauert das nur ungefähr eine Stunde. Fettiges Essen, z.B. eine Weihnachtsgans, kann mehrere Stunden im Magen bleiben, bevor der Nahrungsbrei an den **Darm** weitergegeben wird.

Magnet, der

Ein Magnet hat zwei Pole: einen **Nord**- und einen **Südpol**. Magnete sind von einem unsichtbaren Kraftfeld umgeben und ziehen **Metalle** wie Eisen oder Stahl an. Zwischen 2 Magneten gilt: Entgegengesetzte Pole ziehen sich an, gleiche stoßen sich ab. Magnetismus ist eine Naturkraft. Auch die **Erde** besitzt ein Magnetfeld, dessen Pole in der **Arktis** bzw. **Antarktis** sind. Mit einem **Kompass** können wir die Himmelsrichtungen bestimmen.

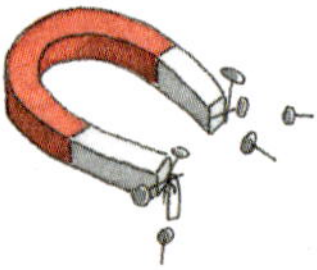

Mammut, das

Mammuts gehörten zu den **Elefanten**. Sie lebten in den **Steppen Nordamerikas** und **Asiens**. Ihr dickes **Fell** schützte sie vor der Kälte. Unsere Vorfahren, die Steinzeitmenschen, machten Jagd auf die Mammuts. Mammuts starben vor etwa 10000 Jahren, am Ende der letzten **Eiszeit**, aus.

Mann, der

Ein Mann ist ein männlicher Erwachsener. Er hat einen Penis und einen Hodensack, in dem sich die Hoden befinden. In den Hoden werden die Spermien gebildet. Wenn beim

Geschlechtsverkehr das weibliche **Ei** von einer Samenzelle befruchtet wird, entsteht ein Kind. Männer haben meist breitere Schultern und schmalere Hüften als **Frauen**.

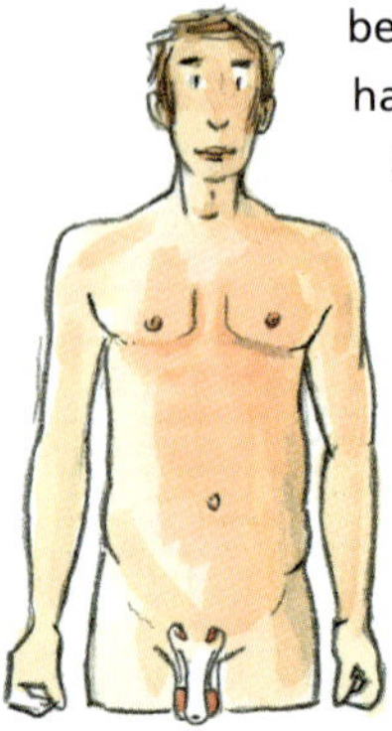

Märchen, das

Märchen sind Erzählungen, in denen wundersame Ereignisse geschehen: Sprechende **Tiere**, Zauberer, Drachen, Zwerge und **Menschen** können sich begegnen. Ursprünglich wurden Märchen mündlich weitergegeben. Die Brüder Grimm schrieben die Märchen, die sie erzählt bekamen, auf. Die meisten Märchen beginnen mit dem Satz: „Es war einmal ..." und haben ein gutes Ende. In allen Ländern der Welt erzählen sich Menschen Märchen.

Marienkäfer, der

Marienkäfer sind nützliche **Insekten**. Mehr als 4500 Arten leben weltweit, in **Deutschland** sind es etwa 80 Arten. Ihre **Larven** und auch die erwachsenen **Tiere** fressen Blatt**läuse**, die im Garten großen Schaden anrichten können. Auf ihren Flügeldeckeln haben Marienkäfer Punkte, die aber nichts über ihr Alter aussagen, sondern von der Art abhängen.

Maschine, die

Eine Maschine besteht aus mehreren Teilen, von denen einige beweglich sind. Sie erleichtert oder übernimmt bestimmte Arbeiten des Menschen. Ein **Flaschenzug** ist z. B. eine Maschine, die das Heben erleichtert, ein **Motor** ist eine Antriebsmaschine.

Mathematik, die

Mathematik ist die Wissenschaft, die sich mit **Zahlen**, Formen und Mengen und ihrer Beziehung zueinander beschäftigt. Zu den Methoden der Mathematik gehören Rechnen, Messen und Zählen. Die Mathematik ist eine der ältesten Wissenschaften der **Menschen**.

Maulwurf, der

Maulwürfe sind **Säugetiere**. Sie leben in **Europa**, **Nordamerika** und **Asien**. Bei uns gibt es nur eine Art, den Europäischen Maulwurf. Er ernährt sich vor allem von **Insekten** und **Würmern**. Sein unterirdischer Bau besteht aus langen Gängen, Vorratskammern und Nestkammern. Beim Graben schiebt er die Erde mit seinen breiten Vorderfüßen, den Grabschaufeln, an die Oberfläche, so dass Maulwurfshügel entstehen. Maulwürfe sind Einzelgänger, die nur zur Paarungszeit Artgenossen treffen.

Maus, die

Mäuse sind **Nagetiere**. Sie sind artenreich und auf der ganzen Welt verbreitet. Bei uns kommen vor allem die Feldmaus und die Hausmaus vor. Sie leben in unterirdischen Bauen, die lange Gänge und viele Vorratskammern haben. Die Weibchen bekommen mehrmals im Jahr Junge. Da Mäuse gerne **Getreide** fressen, können sie für den **Menschen** große Schäden anrichten.

Medien, die

Medien sind Mittel, mit denen **Informationen** weitergegeben werden. Dazu gehören unter anderem **Zeitungen**, Zeitschriften, **Bücher**, Plakate, Telefon, Fernsehen, Radio, **Internet** und **CDs**. Medien, mit denen sehr viele **Menschen** erreicht werden können, nennen wir Massenmedien.

Meer, das

Die miteinander verbundenen Gewässer der Erde bezeichnen wir als Meere. Sie umgeben die **Kontinente**. Fast zwei Drittel der Erdoberfläche sind vom Weltmeer bedeckt. Wir unterteilen es in **Atlantischen Ozean**, **Pazifischen Ozean**, **Indischen Ozean**, **Nordpolarmeer** und **Südlicher Ozean**. **Nord-** und **Ostsee** sind Nebenmeere und gehören zum Atlantischen Ozean. Meerwasser ist immer salzig, der Salzgehalt aber verschieden.

Meerschweinchen, das

Meerschweinchen sind **Nagetiere**, die in **Südamerika** vorkommen. In Paaren oder Gruppen leben sie in unterirdischen Bauen. Ihre Nahrung besteht vor allem aus Gräsern, **Samen** und **Früchten**. In Südamerika wurden Meerschweinchen schon vor mehreren Tausend Jahren als **Haustiere** gehalten. Heute gehören sie auch bei uns zu den beliebtesten Haustieren.

Mensch, der

Siehe Seite 126/127

Menschenrechte, die

„Alle **Menschen** sind frei und gleich an Würde und Rechten geboren" – so steht es in den Menschenrechten der Vereinten Nationen. Egal in welchem Land jemand wohnt, welche **Religion**, welche **Haut**farbe, welche politische Meinung und welchen **Beruf** er hat, ob **Mann** oder **Frau**, ob krank oder gesund – niemand darf benachteiligt werden. Zu den Menschenrechten gehören unter anderem das Recht auf Leben, Meinungsfreiheit, Glaubensfreiheit und dass vor dem **Gesetz** alle gleich sind. Es gibt Länder, in denen gegen Menschenrechte verstoßen wird, z. B. indem

Menschen verhaftet werden, die die **Regierung** öffentlich kritisieren.

Meridian, der

Siehe: Längengrad

Metall, das

Metalle sind Stoffe, die undurchsichtig, glänzend, bei hoher Hitze formbar und, bis auf Quecksilber, bei Zimmer**temperatur** fest sind. Sie leiten **Strom** und Wärme. Eisen, Aluminium, Kupfer, aber auch Gold und Platin gehören zu den Metallen. Viele Gegenstände sind aus Metallen gefertigt oder enthalten Metalle, z. B. Töpfe, Schrauben, Schmuck und Büroklammern. In der Natur kommen die meisten Metalle in Gesteinen vor. Sie werden in Bergwerken abgebaut und dann aufwendig aus den Steinen gewonnen. Nur Edelmetalle wie etwa Gold kommen in reiner Form vor.

Meteorit, der

Ein Meteorit ist ein Fels- oder **Metall**brocken aus dem **Weltall**, der in die **Erdatmosphäre** eindringt und auf die **Erde** fällt. Die meisten Meteorite sind sehr klein. Wissenschaftler vermuten aber, dass vor etwa 65 Mio. Jahren ein riesiger Meteorit in der Nähe von Mexiko einschlug und dies einer der Gründe für das Aussterben der **Dinosaurier** und Tausender anderer **Tier**arten war.

Mikroskop, das

Ein Mikroskop vergrößert sehr kleine Objekte, die für das **Auge** sonst nicht oder nur ungenau zu erkennen sind. Wissenschaftler nutzen Mikroskope für die Erforschung unserer **Umwelt** und für medizinische Untersuchungen. Betrachtet ein Arzt einen Tropfen **Blut** unter dem Mikroskop, erkennt er die Blutkörperchen und sieht, ob sie gesund sind.

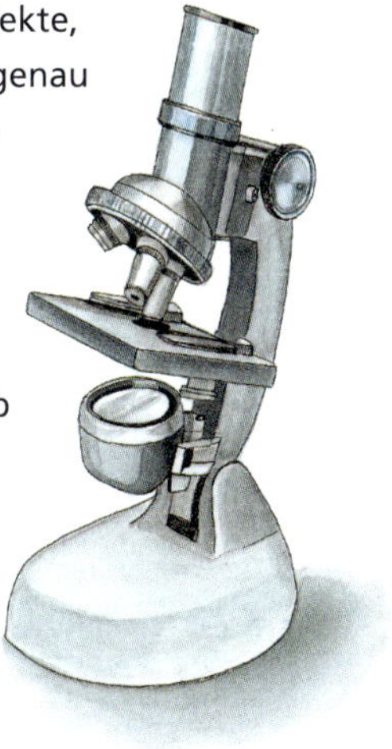

Milchstraße, die

Siehe: Galaxie

Mineralien, die

Mineralien sind natürliche Stoffe, die nicht von Lebewesen stammen. Gold, Diamanten, Salze, Gips und auch Eis gehören dazu. Außerdem bestehen alle Gesteine aus Mineralien. Insgesamt kommen weltweit etwa 4000 Mineralien vor.

Mensch, der

Biologisch gesehen ist der Mensch ein **Säugetier**. Und zwar nicht irgendeines, sondern das am weitesten entwickelte Säugetier der **Erde**. Allerdings sind **Bären** stärker, **Hunde** hören besser, **Geparde** laufen schneller und **Wale** tauchen tiefer. Was also ist so besonders am Menschen? Er hat einen aufrechten Gang. Dadurch sind seine Hände frei und er kann sie geschickt nutzen. Sein **Gehirn** ist groß und weit entwickelt. Der Mensch ist intelligent, lernfähig, kann über sich selbst nachdenken, vorausschauend planen und in die Vergangenheit zurückblicken. Er hat **Schrift** und **Sprache** entwickelt, er hat **Kultur** geschaffen und die **Umwelt** nach seinen Bedürfnissen gestaltet. Menschen haben Fantasie, Gefühle, Werte und sie empfinden Mitgefühl mit anderen. All das kann der Mensch und sonst niemand.

Menschen**affen** und Menschen haben die gleichen Vorfahren. Am nächsten ist der Schimpanse mit dem Menschen verwandt.

Ihre gemeinsame Entwicklungslinie spaltete sich vor vielen Millionen Jahren und beide entwickelten sich getrennt voneinander weiter.

Der Frühmensch Homo habilis, der „geschickte Mensch“, lebte vor etwa 2 Mio. Jahren. Sein Gehirn war deutlich größer als das seiner Vorfahren und er stellte erste Werkzeuge aus Stein her. Ihm folgte einige Hunderttausend Jahre später der „aufrechte Mensch“, der Homo erectus. Er konnte mit Feuer umgehen und jagte mit Waffen. Der moderne, „verstehende Mensch“, der Homo sapiens, zu dem auch wir gehören, entstand vor etwa 200000 Jahren in **Afrika**. Von dort aus besiedelte er im Laufe der Zeit auch **Europa**. Bis heute hat der Mensch sich immer weiter entwickelt und das wird er wohl auch in Zukunft tun.

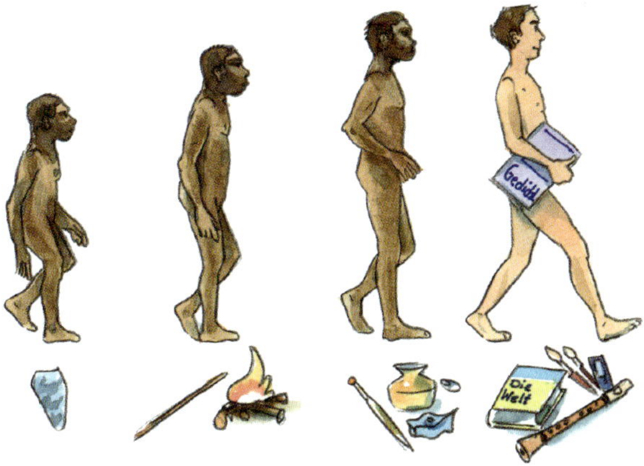

Mittelalter, das

Als Mittelalter bezeichnen wir die Zeit der europäischen Geschichte zwischen 500 und 1500 n. Chr. Die mittelalterliche Gesellschaft war in drei Schichten unterteilt, die sogenannten Stände. Die meisten **Menschen** waren Bauern, Handwerker oder Bedienstete. Sie bildeten den dritten Stand. Geistliche, also Priester, Mönche und Nonnen, gehörten dem zweiten Stand an. Nur wenige, aber sehr mächtige Menschen zählten zum ersten Stand: dem Adel. An seiner Spitze stand der König oder Kaiser. Das Leben im Mittelalter war hart. Oft herrschten **Hunger**snöte und es gab schlimme **Krankheiten**.

Mobbing, das

Von Mobbing sprechen wir, wenn ein **Mensch** über einen längeren Zeitraum immer wieder von anderen gequält, ausgegrenzt, bedroht, beleidigt, schikaniert oder körperlich bedrängt wird. Der Begriff stammt von dem englischen Wort „to mob“, das bedeutet „schikanieren, angreifen“.

Mode, die

Mode ist das, was für eine gewisse **Zeit** von einer bestimmten Gruppe von **Menschen** als zeitgemäß angesehen wird. Das betrifft z. B. die Bereiche Kleidung, Farben, Frisuren, Möbel und **Musik**stile. Auch ein gewisse Art, sich zu geben, oder besondere Verhaltensweisen können für eine Weile modern sein. Mode wandelt sich ständig.

Mond, der

Ein Mond ist ein Himmelskörper, der um seinen Nachbarplaneten kreist. Unser Erdmond braucht für einen Umlauf um die **Erde** einen Monat. Seine Entfernung zur Erde beträgt etwa 380 000 km. Da der Mond keine schützende **Atmosphäre** hat, herrschen auf seiner Oberfläche starke

Temperaturschwankungen. Der Mond leuchtet nicht selbst, er wird von der Sonne angestrahlt. Im Laufe eines Monats durchläuft er die Mondphasen: Vollmond, abnehmender Mond, Neumond, zunehmender Mond. Diese Mondphasen hängen von seiner Stellung zur Sonne ab und wie sie ihn beleuchtet. Auch andere Planeten haben Monde.

Zunehmender Mond Vollmond Abnehmender Mond

Mondlandung, die

Am 21. Juli 1969, 3:56 Uhr Mitteleuropäischer Zeit, betrat Neil Armstrong als erster Mensch den Mond. Zusammen mit Edwin Aldrin und Michael Collins nahm er an der amerikanischen Apollo-11-Mission teil, deren Aufgabe es war, Gesteinsproben mitzubringen und den Mond zu erforschen. Es folgten noch 5 weitere erfolgreiche bemannte Mondlandungen bei Apollo-Missionen, die letzte 1972. Insgesamt waren bislang 12 Menschen auf dem Mond.

Neil Armstrong betrat als erster Mensch den Mond.

Moor, das

Moore sind feuchte, pflanzenreiche Lebensräume, die in Gebieten entstehen können, in denen mehr **Niederschlag** fällt als abfließt. Die absterbenden Pflanzenteile werden auf dem nassen Untergrund nicht vollständig abgebaut. Es wachsen mehr **Pflanzen** nach als verfaulen, dadurch legen sich Pflanzenschichten aufeinander. Aus den Pflanzenresten entsteht langsam Torf, der früher gestochen, getrocknet und dann als Brennstoff genutzt wurde. Die Entstehung eines Moores dauert mehrere Tausend Jahre.

Moschee, die

Eine Moschee ist ein islamisches **Gottes**haus. Hier treffen sich Muslime zum Gebet und um die Predigt zu hören. Viele Moscheen haben hohe, schmale Türme, Minarette genannt. Von dort aus ruft der Muezzin, der Vorbeter, die Gläubigen fünf mal am Tag zum Gebet.

Motor, der

Ein Motor ist eine **Maschine**, die etwas in Bewegung versetzt. Im Motor wird eine **Energie**form, z. B. Wärmeenergie, in Bewegungsenergie umgewandelt. Viele **Autos** haben einen Verbrennungsmotor.

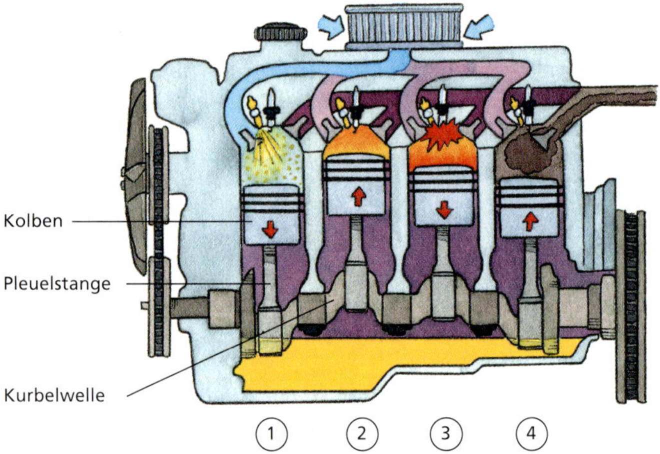

1. Kraftstoff (Benzin) und Luft werden angesaugt.
2. Ein Kolben drückt das Gemisch zusammen.
3. Es wird entzündet und es kommt zu einer kleinen Explosion. Durch den Druck wird der Kolben im Zylinder nach unten gedrückt.
4. Die entstandenen Abgase werden dann aus dem Zylinder hinausgedrückt. Diese Bewegung der Kolben wird auf die Pleuelstangen übertragen, eine Drehbewegung entsteht, die schließlich die Räder des Autos antreibt.

Motorrad, das

Ein Motorrad ist ein zweiräderiges Fahrzeug, das von einem **Motor** angetrieben wird. 1885 baute Gottlieb Daimler ein erstes Motorrad, den sogenannten Reitwagen, indem er einen Motor an ein Holzzweirad mit Stützrädern montierte. Heute gibt es Motorroller, Straßen- und Geländemotorräder. Zum Motorradfahren braucht man einen besonderen Führerschein. Die Fahrer tragen Schutzhelme und meist auch Schutzkleidung.

Möwe, die

Möwen sind Vögel, die an den Meeresküsten und den großen Seen der kühlen, gemäßigten Klimazonen leben. Sie ernähren sich von Fischen, Muscheln und Krebsen, aber auch von Abfällen. Sie trinken Meerwasser und scheiden das Salz durch Salzdrüsen wieder aus. Auch bei starkem Wind können sie geschickt fliegen.

Mücke, die

Mücken gehören zu den zweiflügeligen Insekten. Es gibt weltweit viele Tausend Mückenarten. Bei uns ist die Stechmücke verbreitet. Die Weibchen saugen Blut, das sie für die Entwicklung der Eier brauchen, die Männchen ernähren sich von Pflanzensaft. Stechmücken leben in Wassernähe, da sie die Larvenzeit im Wasser verbringen. Es gibt Mückenarten, die Krankheiten übertragen. Dazu gehören die Anopheles-Mücken, die in tropischen Gebieten leben und Menschen durch ihren Stich mit Malaria anstecken können.

Müll, der

Täglich fallen auf der Welt riesige Abfallmengen an. Diese zu beseitigen, ist ein großes Umweltproblem. Am besten ist es, Müll zu vermeiden. Geht das nicht, sollten wir versuchen, möglichst viel davon wiederzuverwerten. Glas,

Papier und Verpackungsstoffe sammeln wir getrennt, aus ihnen können wieder Rohstoffe gewonnen werden. Es gibt Abfälle, die giftig (siehe: Gift) sind und besonders gelagert werden müssen.

Mumie, die

Eine Mumie ist ein toter Körper, der vor der Verwesung, also vor dem Zerfallen, geschützt wurde. Im alten Ägypten glaubten die Menschen an ein Leben nach dem Tod. Sie wollten den Körper eines Verstorbenen erhalten. Dafür entnahmen sie das Gehirn und die Organe. Die Haut rieben sie mit Salben und Flüssigkeiten ein und umwickelten den Körper mit Stoff. Dann legten sie ihn in den Sarg und in eine Sargkammer. Der Tote verweste nicht. Jahrtausende später wurden die Mumien entdeckt.

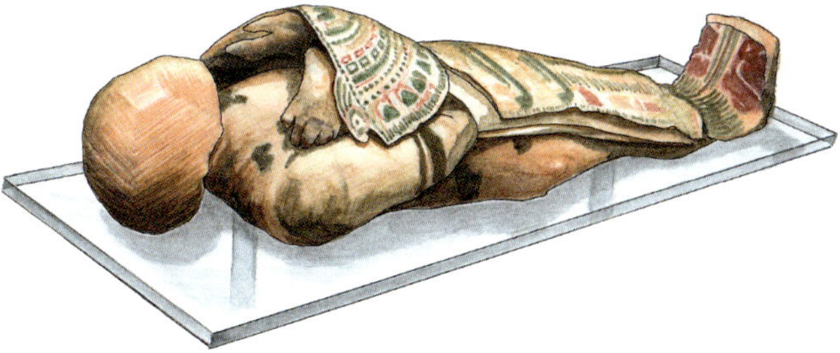

Muschel, die

Muscheln gehören zu den **Weichtieren**. Sie leben im **Wasser** und kommen auf der ganzen Welt vor. Ihr Körper wird von einer zweiteiligen harten Kalkschale umschlossen, die sie mit einem **Muskel** öffnen und schließen können. Die meisten Muscheln ernähren sich von **Plankton**. Bei uns finden wir vor allem Miesmuscheln und Herzmuscheln. Manche sind für uns essbar.

Musik, die

Musik besteht aus Tönen und Geräuschen. Zu einem Musikstück gehören Melodie, **Rhythmus** und Harmonie. Eine Melodie ist eine geordnete Abfolge von Tönen. Zur Melodie gehört der Rhythmus, also die Dauer der einzelnen Töne. Eine Harmonie entsteht, wenn mehrere Töne gleichzeitig gespielt werden. Es gibt sehr viele Musikstile, z.B. Klassik, Popmusik, Rockmusik und Jazz. Musikstücke werden mit Hilfe von Noten aufgeschrieben. Bei allen Völkern der Welt gibt es Musik und wahrscheinlich gibt es das Singen und Musizieren schon so lange, wie es **Menschen** gibt.

Musikinstrument, das

Siehe Seite 138/139

Muskel, der

Muskeln brauchen wir, um uns zu bewegen. Wir haben Muskeln, die wir bewusst einsetzen können, z. B. um eine Seite umzublättern oder einen Ball zu werfen. Andere Muskeln, etwa das **Herz** und die **Darm**muskeln, arbeiten, ohne dass wir sie beeinflussen können. Da ein Muskel sich zwar aktiv zusammenziehen, aber nicht aktiv dehnen kann, müssen für viele Bewegungen zwei Muskeln, ein Strecker und ein Beuger, zusammenarbeiten. Wenn wir einen Muskel überanstrengen, bekommen wir Muskelkater.

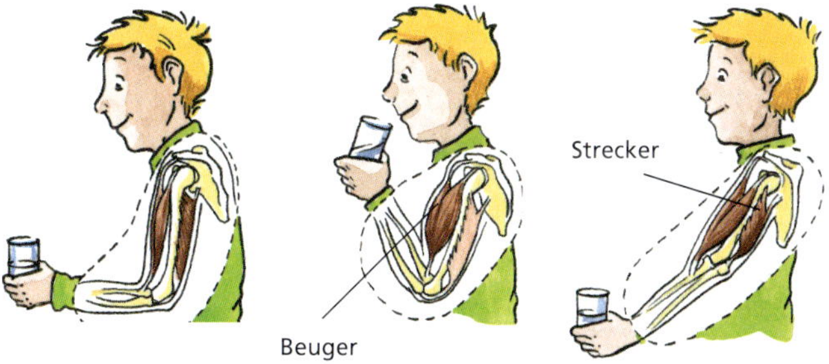

Musikinstrumente

Mit Musikinstrumenten können wir Töne erzeugen, um **Musik** zu machen. Wir unterscheiden Holzblasinstrumente Blechblasinstrumente, Tasteninstrumente, Saiteninstrumente und Schlaginstrumente.

Schlagzeug

Der Flügel ist eine besondere Form des Klaviers.

Cello

Keyboard

Klarinette

Saxofon

Querflöte

E-Gitarre

Geige

Gitarre

N

Nagetier, das

Nagetiere gehören zu den **Säugetieren**. Es gibt weltweit etwa 2500 Arten. Sie haben im Ober- und Unterkiefer je zwei lange, leicht gebogene Nage**zähne**, die ständig wachsen. Die meisten Nagetiere ernähren sich vor allem von **Pflanzen**. **Mäuse**, **Biber**, Murmeltiere und **Eichhörnchen** gehören zu den Nagetieren.

Nährstoff, der

Nährstoffe sind Nahrungsbestandteile, die ein Lebewesen zum Leben braucht. Zu den Nährstoffen gehören z. B. Eiweiße, Fette, Kohlehydrate und **Vitamine**. Ein längerer Mangel an Nährstoffen kann krank machen.

Nahrungsnetze, die

Die Beziehungen zwischen Lebewesen, die sich voneinander ernähren, nennen wir Nahrungsnetz. Am Anfang der Nahrungskette stehen die **Pflanzen**. Sie dienen vielen **Tieren**, wie etwa **Hasen**, als Nahrung. Diese Tiere werden dann wiederum selbst gefressen, z. B. vom **Fuchs**. Stirbt der Fuchs, wird sein Körper von kleinsten Lebewesen zersetzt. Die **Nährstoffe**, die dabei entstehen, nehmen die **Wurzeln** der **Pflanzen** wieder auf. Auch im **Meer** gibt es Nahrungsnetze. Am Ende mancher Nahrungsnetze steht der **Mensch**, z. B. wenn wir **Fisch** oder Fleisch essen.

Nahrungsnetz im Meer

Nase, die

Die Nase ist gleichzeitig **Sinnesorgan** und **Atmung**sorgan. Die Atemluft wird in der Nase angewärmt, angefeuchtet und durch die kleinen Härchen gereinigt, bevor sie in die **Lunge** gelangt. Im oberen Teil der Nase befinden sich die Riechzellen. Wenn wir Schnupfen haben, verdeckt der Schleim diese **Zellen** und unser Riechvermögen ist eingeschränkt. Den feinsten Geruchssinn der Welt hat, soweit wir wissen, der **Aal**.

Nashorn, das

Nashörner sind **Säugetiere**. Sie fressen **Pflanzen** und leben als Einzelgänger in den **Steppen Afrikas** und **Asiens**. Nashörner sehen schlecht, dafür sind ihr Gehör und ihr

Geruchssinn sehr gut ausgeprägt. Obwohl sie schwerfällig aussehen, können Nashörner schnell rennen.

Natur, die

Zur Natur gehört alles, was ohne menschlichen Einfluss auf der **Erde** und auch im **Weltall** vorhanden ist. **Tiere**, **Pflanzen**, **Meer** und Berge, aber auch das **Wetter**, die **Luft**, die Landschaften und **Sterne** zählen wir zur Natur.

Naturschutz, der

Alles, was der Erhaltung und dem Schutz der **Tier-** und **Pflanzen**arten, der Landschaften und Lebensräume dient, nennen wir Naturschutz.

Nebel, der

Nebel ist eine **Wolke**, die den Boden berührt und die Sicht behindert. In der **Luft** ist immer Wasserdampf enthalten. Kühlt warme, feuchte Luft in der Nähe des Erdbodens ab, kann sie nicht mehr so viel Wasserdampf halten und es bilden sich Wassertröpfchen. Sie sind fein verteilt und so leicht, dass sie nicht auf den Boden fallen. Von Nebel spricht man, wenn die Sicht höchstens 1000 m beträgt, sie kann aber auch viel geringer sein.

Nerv, der

Nerven sind Leitungen, durch die **Informationen** und Befehle in unserem Körper an das **Gehirn** übermittelt werden. Nerven bestehen aus **Zellen**. Wenn wir z. B. mit der Hand einen heißen Topf berühren, wird diese Empfindung von den Nerven über das Rückenmark an das Gehirn weitergegeben. Das Gehirn sendet dann über die Nerven an den Arm den Befehl, die Hand zurückzuziehen. Die Gesamtheit der Nerven nennen wir Nervensystem.

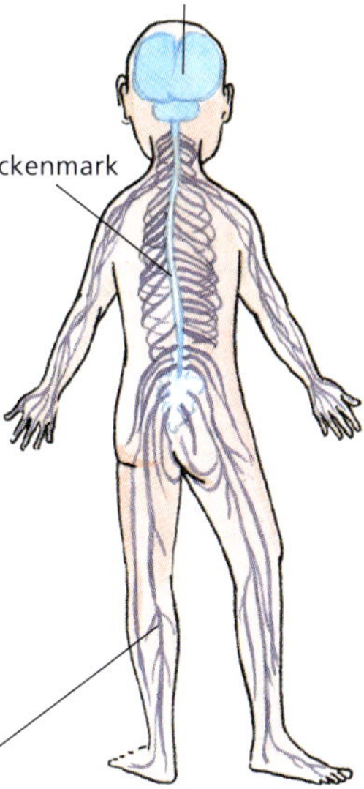

Nervensystem

Nest, das

Tiere bauen Nester, um in ihnen ihren Nachwuchs aufzuziehen und Schutz zu suchen. **Vögel**, **Insekten** (z. B. Wespen und Hummeln) und manche **Säugetiere** (z. B. Eichhörnchen) sind Nestbauer. Jungtiere, die nach der Geburt schnell das Nest verlassen und selbstständig werden, nennen wir Nestflüchter. Müssen die Jungen länger gefüttert und beschützt werden, sprechen wir von Nesthockern.

Neuzeit, die

Die Zeit seit dem Ende des **Mittelalters** (etwa 1500 n. Chr.) bis heute nennen wir Neuzeit.

Niederschlag, der

Als Niederschlag bezeichnen wir **Wasser**, das aus den **Wolken** fällt. Dazu gehört in flüssiger Form der **Regen**, in fester Form **Schnee**, **Hagel** oder Graupel.

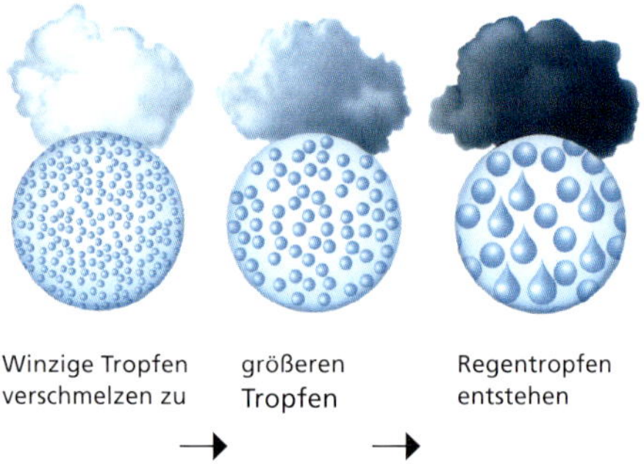

Niere, die

Die Niere ist ein paariges **Stoffwechselorgan**, das rechts und links der Wirbelsäule knapp unter den Rippen liegt. Die Nieren reinigen das **Blut**. Die nützlichen Inhaltsstoffe transportiert das Blut weiter durch den Körper. Die Abfallstoffe filtern die Nieren heraus, sie werden über den Harnleiter in die **Harnblase** geleitet und dann mit dem Urin ausgeschieden.

Nordamerika

Nordamerika ist der drittgrößte **Kontinent**. 23 Staaten zählen dazu, unter ihnen Kanada, die USA, Mexiko und die Länder Mittelamerikas, also z.B. Guatemala, Kuba und Haiti. Etwa 480 Mio. **Menschen** leben in Nordamerika. Die USA und Kanada sind reiche Länder, Haiti gehört zu den ärmsten der Welt. Nordamerika reicht vom hohen Norden bis weit in den Süden, darum gibt es zahlreiche **Klimazonen**. Entsprechend vielfältig sind die Tierarten: **Eisbären**, Elche und **Biber** im Norden, Alligatoren, **Affen** und **Papageien** im Süden. Im Westen des Kontinents treffen zwei Kontinentalplatten aufeinander, so dass es dort häufig zu **Erdbeben** kommt. Die ursprünglichen Bewohner Nordamerikas sind **Indianer** und **Inuit**.

Siehe auch: Weltkarte, Seite 224/225

Karibu

Nordpol, der

Der Nordpol ist die Stelle der nördlichen Erdhalbkugel, die am weitesten vom **Äquator** entfernt liegt. Er befindet sich mitten im **Nordpolarmeer**. Vom Nordpol aus kann man nur Richtung Süden gehen. Die gedachte Linie durch die Erde zwischen Nordpol und **Südpol** nennen wir Erdachse.

Siehe auch: Weltkarte, Seite 224/225

Nordpolarmeer, das

Das Nordpolarmeer ist der kleinste **Ozean**. Es liegt in der **Arktis**. Im Durchschnitt ist er zwischen 2000 und 4000 m tief. Große Gebiete des Nordpolarmeeres sind das ganze Jahr über von Eis bedeckt.

Siehe auch: Weltkarte, Seite 224/225

Nordsee, die

Die Nordsee ist ein Randmeer des **Atlantischen Ozeans**. Durchschnittlich ist sie nur etwa 90 m tief. Die Nordsee ist Lebensraum für viele **Tier**arten, **Seehunde**, Schweinswale, Schollen, **Krebse** und **Muscheln** gehören dazu. Viele **Flüsse**, z. B. Elbe, Weser und Rhein, münden in die Nordsee. Die Küsten der angrenzenden Länder sind durch die **Gezeiten** geprägt. An der deutschen und niederländischen Nordseeküste befindet sich ein ausgedehntes Wattenmeer.

Menschen nutzen die Nordsee intensiv für den Fischfang und für das Fördern von **Erdöl**. Viele **Schiffe** fahren täglich über die Nordsee.

Siehe auch: Weltkarte, Seite 224/225

Obst, das

Essbare **Früchte** bezeichnen wir als Obst. Meist ist es süßlich und wird roh gegessen. Obst entsteht aus der **Blüte** von mehrjährigen **Pflanzen** – **Gemüse** hingegen wächst meist an einjährigen Pflanzen. Wir unterscheiden Steinobst (Pflaumen, Kirschen), Kernobst (Äpfel, Birnen) und Beerenobst (Himbeeren, Erdbeeren). Zum Obst zählen auch Nüsse.

Ohr, das

Das Ohr gehört zu unseren **Sinnesorganen**. Es ist unterteilt in das Außenohr, das Mittelohr und das Innenohr. Die Ohrmuschel fängt **Schall**wellen auf, die durch den Gehörgang zum Trommelfell geleitet werden und es in Schwingung

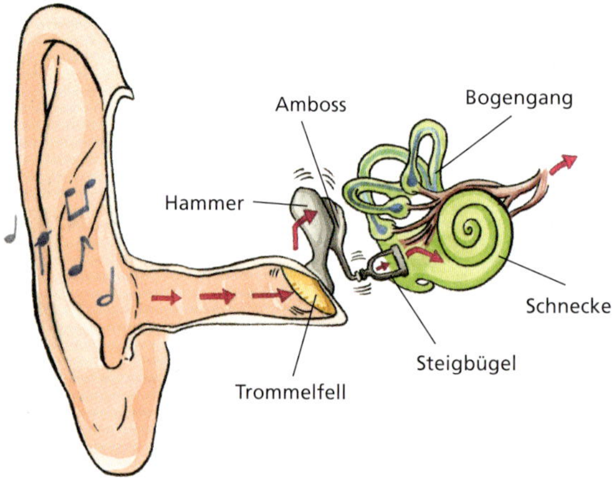

versetzen. Dadurch geraten auch die Gehörknöchelchen im Mittelohr in Bewegung. Sie geben die Schallwellen in das Innenohr an die mit Flüssigkeit gefüllte Schnecke weiter. Hier befinden sich die eigentlichen Hör**zellen**, die durch die Schwingungen gereizt werden. Über **Nerven**zellen gelangen diese Reize in das **Gehirn** – wir hören. Im Innenohr befindet sich auch das Gleichgewichtsorgan. Ohrenschmalz wird im Gehörgang hergestellt. Er transportiert Fremdkörper aus dem Ohr heraus und kann **Krankheit**serreger bekämpfen.

Ökologie, die

Ökologie ist die Wissenschaft, die die Beziehung der Lebewesen untereinander und zu ihrer **Umwelt** erforscht.

Ökosystem, das

Ein Ökosystem bezeichnet einen Lebensraum mit allen darin vorkommenden Lebewesen, den Umweltbedingungen, wie **Wetter** und Bodenbeschaffenheit, und den Beziehungen dieser Gegebenheiten untereinander. Zu den Ökosystemen gehören z. B. der **Wald**, das **Meer**, das **Moor** oder die **Wüste**.

Oper, die

Eine Oper ist gleichzeitig ein **Musik**werk und ein **Theater**stück. Die Texte werden von Sängern gesungen, das Stück von einem **Orchester** begleitet. Die Sänger tragen Kostüme und stehen auf einer großen Bühne mit Bühnenbild. Vor

ihnen im Orchestergraben spielt das Orchester. Die Oper entstand vor etwa 400 Jahren in Italien. Wolfgang Amadeus Mozart und Giuseppe Verdi komponierten viele berühmte Opern. Dazu gehören „Die Zauberflöte" von Mozart und „Aida" von Verdi.

Orchester, das

Eine größere Gruppe von Musikern, die zusammen **Musik-stücke** spielen, nennen wir Orchester. Es gibt verschiedene Arten von Orchestern, die sich durch ihre Größe und die Besetzung unterscheiden. Ein Sinfonieorchester besteht aus etwa 50 bis 100, ein Kammerorchester aus 10 bis 20 Musikern. Auf welchen **Musikinstrumenten** gespielt wird, legt der **Komponist** des Werkes fest. Meist sind Streich-instrumente, Blasinstrumente und Schlaginstrumente dabei. Ein Dirigent leitet das Orchester.

Organ, das

Ein Organ ist ein abgegrenzter Körperteil, der eine bestimmte Aufgabe im Körper übernimmt. **Herz**, **Auge** und **Haut** sind z. B. Organe.

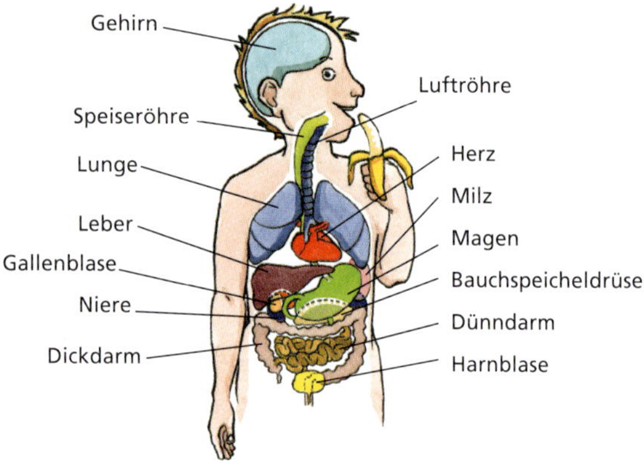

Ostsee, die

Die Ostsee ist ein Nebenmeer des **Atlantischen Ozeans**. Der **Salz**gehalt ist hier nicht so hoch wie im Atlantik oder in der **Nordsee**. Die **Gezeiten** beeinflussen die Ostsee kaum. Die durchschnittliche Wassertiefe liegt bei etwa 50 m. Wegen der starken Verschmutzung und Schadstoffbelastung der Ostsee sind viele **Tier**- und **Pflanzen**arten bedroht. In manchen Gebieten ist ein Leben kaum noch möglich.

Ozean, der

Die größten **Meere** der Erde nennen wir Ozeane. Es gibt den **Atlantischen Ozean**, den **Pazifischen Ozean**, den **Indischen Ozean**, das **Nordpolarmeer** und den **Südlichen Ozean**.

Siehe auch: Weltkarte, Seite 224/225

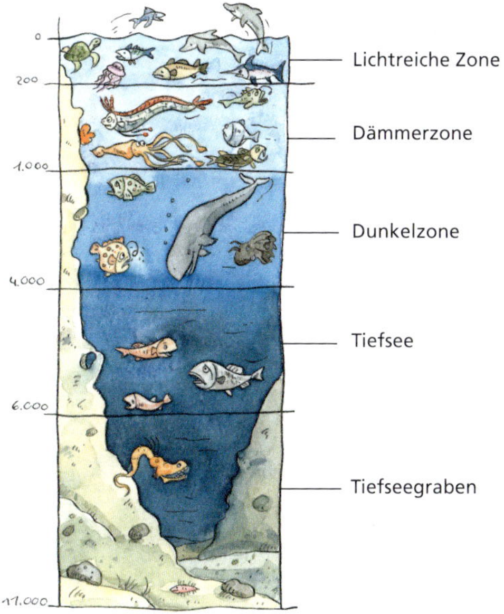

Ozeane sind in Stockwerke unterteilt.

Papagei, der

Papageien sind Vögel, die nur in den **Tropen** und Subtropen vorkommen. Sie sind geschickte Kletterer und nehmen dafür ihren kräftigen, gekrümmten Schnabel und die Kletterfüße zu Hilfe. Sie ernähren sich von **Früchten**, **Samen**, **Blättern** und **Wurzeln**. Papageien leben meistens in Schwärmen zusammen. In Gefangenschaft gelingt es häufig, ihnen das Nachsprechen von Wörtern beizubringen. Zu den Papageien gehören auch Kakadus, Aras und Loris.

Papier, das

Für **Bücher** und **Zeitungen**, für Verpackungen, Tapeten und Taschentücher brauchen wir Papier. Meistens wird es aus Holz hergestellt. Dafür wird das Holz zerkleinert und mit viel **Wasser** und etwas Leim zu einem Brei vermischt. Dieser wird auf Rüttelsiebe gegeben, das Wasser läuft ab und der Brei verteilt sich zu einer gleichmäßigen Schicht. Die Schicht läuft zwischen Walzen hindurch, wird gepresst und getrocknet – das Papier ist fertig. Auch aus Altpapier und anderen, schneller nachwachsenden Pflanzen, kann Papier produziert werden. Schon vor etwa 2000 Jahren stellten die **Menschen** in China Papier her.

Partei, die

Wenn **Menschen** eines Landes gleiche oder ähnliche politische (siehe: **Politik**) Meinungen und Ziele verfolgen, können sie sich in einer Partei zusammenschließen. Sie treten gemeinsam für ihre Ideen ein, können Kandidaten bei **Wahlen** aufstellen und Einfluss auf politische Entscheidungen nehmen, wenn sie gewählt werden. In einer **Demokratie** gibt es viele Parteien, in einer Diktatur meist nur eine.

Pass, der

Jeder **Mensch** bekommt von einer staatlichen Behörde seines Landes ein Dokument, auf dem Name, Geburtsdatum, Wohnort, Größe und **Augen**farbe vermerkt sind. Diesen Pass legt er vor, wenn genau festgestellt werden muss, wer er ist, z. B. bei Flugreisen. Ein Pass ist im Inland und im Ausland gültig.

Pazifischer Ozean

Der Pazifische Ozean ist das größte und tiefste Weltmeer. Seine Fläche ist größer als die aller **Kontinente** zusammen. Am Boden des Pazifiks liegen beinahe die Hälfte aller **Vulkane**. Diesen Vulkangürtel nennen wir den Pazifischen Feuerring. Die tiefste Stelle aller **Meere** ist etwa 11 000 m tief, heißt Witjastief 1 und befindet sich im westlichen Teil des Pazifischen Ozeans.

Siehe auch: Weltkarte, Seite 224/225

Pferd, das

Pferde sind **Säugetiere**, die als **Haustiere** heute auf der ganzen Welt vorkommen. Sie sind Herdentiere und ernähren sich von **Pflanzen**. Ursprünglich lebten Wildpferde in den **Steppen Europas** und **Asiens**. Dann begannen die **Menschen** vor vielen Tausend Jahren, Pferde zu zähmen und sie als Arbeitstiere zu nutzen. Wildpferde gibt es kaum noch.

Pflanzen, die

Pflanzen sind Lebewesen, die ihre Nahrung selbst herstellen können. Sie nehmen **Wasser** aus dem Boden und das **Gas** Kohlendioxid aus der **Luft** auf und wandeln es mit Hilfe des **Sonnenlichtes** in **Nährstoffe** um. Dazu benötigen sie den grünen Farbstoff Chlorophyll. Diesen Vorgang nennen wir

Fotosynthese. Bei der Fotosynthese entsteht Sauerstoff, ohne den wir nicht leben können. Zu den Pflanzen gehören Samenpflanzen, Farne und Moose.

Pilz, der

Pilze sind keine Pflanzen und keine Tiere, sie gehören zu einer eigenen Gruppe. Anders als die Pflanzen können sie keine eigenen Nährstoffe bilden. Sie nehmen diese mit ihren feinen Wurzelfäden aus dem Boden oder von einer Pflanze auf. Diese weitverzweigten Fäden sind der eigentliche Pilz. Was wir normalerweise Pilz nennen, ist nur der Fruchtkörper, der der Fortpflanzung dient. Zu den Pilzen zählen auch Schimmelpilze und Hefe.

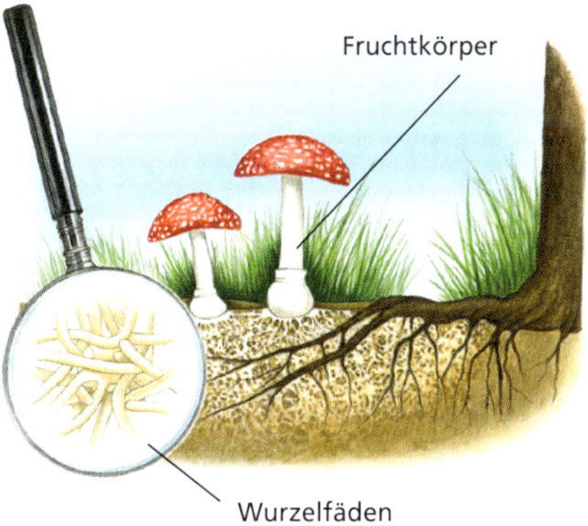

Pinguin, der

Pinguine sind **Vögel**, die nicht fliegen, aber sehr gut schwimmen und tauchen können. Sie leben auf der Südhalbkugel der **Erde**, z. B. in der **Antarktis**. Als Schutz gegen die Kälte haben sie eine dicke Fettschicht und ein wasserundurchlässiges Gefieder. Ihre Nahrung besteht vor allem aus **Fischen**, **Krebstieren** und kleinen **Tintenfischen**. Wir kennen 18 Arten, die bekannteste und größte ist der Kaiserpinguin.

Kaiserpinguin

Pirat, der

Piraten sind Seeräuber. Solange die **Menschen** zur See fahren, kapern Piraten **Schiffe** und rauben sie aus. Zwischen dem 16. und 18. Jh. war die Hauptzeit der Piraterie. Piraten, die im Mittelmeer unterwegs waren, hießen Korsaren. Bukaniere waren die Piraten der Karibik. Nahezu alle Länder hatten Freibeuter, die Kaperbriefe hatten, also die

Erlaubnis ihrer Könige, fremde Schiffe zu plündern, um Macht und Reichtum des Landes zu vergrößern. Auch heute noch sind Piraten unterwegs. Vor allem an der Ostküste **Afrikas** und in den Gewässern um Indonesien bedrohen sie die Schifffahrt.

Planet, der

Ein Planet ist ein Himmelskörper, der sich um die **Sonne** bewegt und nahezu rund ist. In unserem **Sonnensystem** gibt es 8 Planeten. In der Reihenfolge ihrer Nähe zur Sonne heißen sie: Merkur, Venus, Erde, Mars, Jupiter, Saturn, Uranus und Neptun.

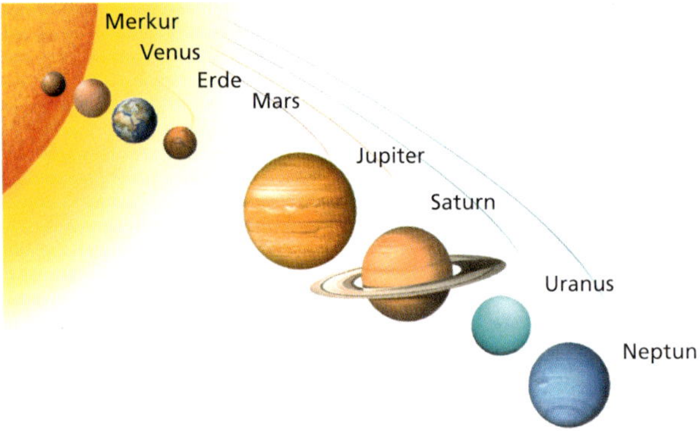

Mit diesem Satz kannst du dir die Reihenfolge der Planeten gut merken: »Mein Vater erklärte mir jeden Samstag unseren Nachthimmel.«

Plankton, das

Sehr kleine, im Wasser lebende Lebewesen, die sich nicht selbstständig fortbewegen können, sondern von der Strömung getrieben werden, nennen wir Plankton. Das können Tiere oder Pflanzen sein, die meist nur unter dem Mikroskop zu erkennen sind. Viele Tiere, z.B. der Blauwal, ernähren sich von Plankton. Es steht am Anfang der Nahrungsnetze und ist deswegen besonders wichtig für unsere Ökosysteme.

Tierisches Plankton

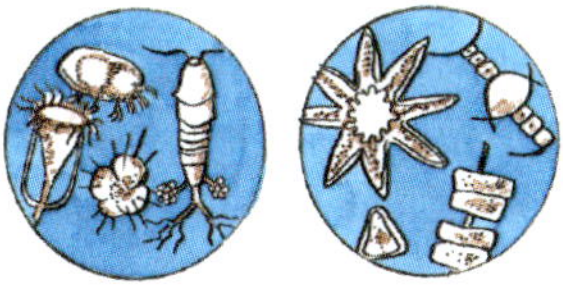

Pflanzliches Plankton

Politik, die

Zur Politik gehören alle Maßnahmen, die das Zusammenleben von Menschen gestalten und regeln.

Prärie, die

Die in Kanada und den USA liegenden Steppengebiete werden Prärie genannt. Früher war die Prärie Lebensraum von großen Bisonherden, von denen sich viele Indianerstämme ernährten. Heute wird die Prärie vor allem für den Anbau von Mais und anderem Getreide sowie als Weidefläche genutzt.

Pubertät, die

Die Pubertät ist die Zeit, in der ein Kind sich zu einem Erwachsenen entwickelt. Der Körper verändert sich. Bei Mädchen beginnt die Brust zu wachsen, bei Jungen die Hoden und der Penis und sie kommen in den Stimmbruch. Die Körperbehaarung ändert sich, es wachsen Schamhaare und Achselhaare, Jungen bekommen Bartwuchs. Die inneren Geschlechtsorgane reifen. Mädchen bekommen die Regelblutung, bei Jungen bilden sich Samenzellen. Auch im **Gehirn** eines Jugendlichen verändert sich vieles, neue **Nerven**verbindungen werden geknüpft, alte aufgelöst. Die vielen Veränderungen können zu Unsicherheiten und Gefühlsschwankungen führen. Meist beginnt die Pubertät zwischen dem 10. und 14. Lebensjahr und dauert dann einige Jahre.

Pyramide, die

Pyramiden sind Bauwerke, die vor Jahrtausenden z. B. in Ägypten, Mexiko und Peru als Grab oder Tempel erbaut wurden. Die berühmten Pyramiden von Gizeh in Ägypten entstanden vor etwa 4600 Jahren. Durch die Erforschung der Pyramiden konnten Forscher viele Erkenntnisse über das Leben der Menschen in jener Zeit sammeln. Pyramiden haben eine quadratische Grundform und vier dreieckige Seiten, die oben zu einer Spitze zusammenlaufen.

Qualle, die

Quallen sind einfach gebaute **Tiere**, die fast vollständig aus **Wasser** bestehen. Sie leben in allen **Meeren**. Im Inneren ist die Qualle hohl, sie hat weder **Augen** noch **Ohren**. Ihr Körper hat nur eine Öffnung, die sowohl zum Fressen als auch für die Ausscheidung dient. An ihren langen Fangarmen sitzen Nesselzellen, mit denen sie Gift absondern können. Damit lähmen sie die kleinen Meerestiere, von denen sie sich ernähren. Quallen gibt es schon seit über 500 Mio. Jahre auf der **Erde**. Sie werden auch Medusen genannt.

Quelle, die

Eine Stelle, an der **Wasser** auf natürliche Weise aus dem Boden tritt, nennen wir Quelle. Wenn Wasser auf den Boden fällt, versickert es. Nach einigen Metern trifft es auf undurchlässige Erdschichten und sammelt sich dort. Dieses Wasser nennen wir Grundwasser. An Hängen etwa, wenn die schräge Erdoberfläche die Grundwasserschicht kreuzt, tritt das Wasser an die Oberfläche. Aus Quellen entspringen oft **Flüsse**, **Bäche** oder **Seen**.

Rabe, der

Raben sind anpassungsfähige Vögel. Sie kommen mit fast jedem Nahrungsangebot und Lebensraum zurecht. Insekten, Schnecken, Früchte und Aas gehören zu ihrer Nahrung. Wissenschaftler haben bei Raben intelligentes Verhalten beobachtet, z. B. lassen sie Nüsse auf die Straße fallen, damit ein darüberrollendes Auto die Schale knackt. Rabenpaare bleiben meist ein Leben lang zusammen.

Radar, das

Radar ist die Abkürzung für den englischen Ausdruck radio detecting and ranging (etwa: Ortung und Abstandsmessung durch Funk). Mit dieser Technik kann über eine große Entfernung gemessen werden, wo ein Auto, ein Schiff oder Flugzeug sich genau befindet. Eine Radaranlage hat eine spezielle Antenne, die elektromagnetische Wellen aussendet. Treffen diese z. B. auf ein Flugzeug, werden die Wellen zu der Antenne zurückgeworfen. Auf einem Bildschirm ist

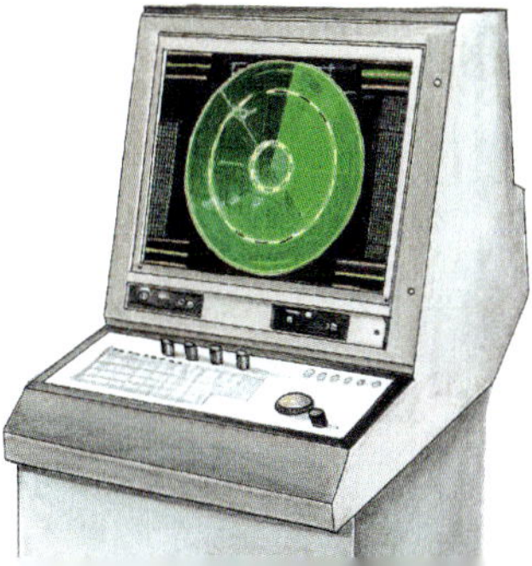

Flugradar

das Flugzeug dann als Leuchtpunkt zu sehen. Die Entfernung zwischen Radargerät und Flugzeug wird ermittelt, indem die Zeit, die zwischen Senden und Empfangen der Wellen vergeht, gemessen wird. Radaranlagen sind z. B. für die Überwachung des Flugverkehrs sehr wichtig.

Rakete, die

Eine Rakete ist ein Flugkörper, der durch das Rückstoßprinzip angetrieben wird. Beim Start treten **Gase** mit großer Geschwindigkeit aus und treiben die Rakete an. Etwas Ähnliches passiert, wenn du einen Luftballon prall aufbläst, nicht zuknotest und dann loslässt. Raketen können auch außerhalb der **Erdatmosphäre** fliegen – im Gegensatz zu **Flugzeugen**, deren Triebwerke z. B. Luft**sauerstoff** benötigen. Raketen werden u. a. für den Transport von **Satelliten** in das **Weltall** genutzt.

Rathaus, das

In einem Rathaus arbeiten der **Bürgermeister** und viele andere Mitarbeiter, die sich um die Verwaltung einer Stadt oder Gemeinde kümmern. Oft ist das Rathaus ein schönes Gebäude, das am Marktplatz steht.

Ratte, die

Ratten sind weltweit verbreitete **Nagetiere**. Sie leben in Gruppen und vermehren sich schnell. Bei uns kommen vor allem Wanderratten vor. Auffallend sind ihre große Anpassungsfähigkeit und Lernfähigkeit. Sie sind Allesfresser. Oft suchen sie die Nähe von **Menschen**, dann leben sie in Abwasserrohren, Ställen, Scheunen oder auf Müllplätzen.

Raubtier, das

Zu den Raubtieren zählen wir etwa 270 weltweit vorkommende **Säugetier**arten. Sie haben ein kräftiges Gebiss mit scharfen Reiß**zähnen** und ernähren sich vor allem von Fleisch, das können Beutetiere oder auch Aas sein. **Löwen**, **Wölfe**, **Bären**, **Robben**, Walrosse, Hyänen und Marder gehören zu den Raubtieren.

Raumfahrt, die

Die Erforschung und Nutzung des **Weltalls** mit Hilfe von Fluggeräten wie **Satelliten**, Raumstationen oder Raumsonden nennen wir Raumfahrt. Die Entwicklung der **Raketen**technik ermöglichte, dass 1957 der erste künstliche Satellit in die Umlaufbahn der **Erde** geschossen wurde. 1969 betrat der erste **Mensch** den **Mond**. Inzwischen befinden sich Hunderte von

Satelliten im Weltraum. Auf der Weltraumstation **ISS** erforschen Astronauten das Weltall. 2001 flog der erste Tourist mit einem Raumfahrzeug ins Weltall.

Spaceshuttle

Raupe, die

Die **Larve** der **Schmetterlinge** nennen wir Raupe. Nach dem Schlüpfen fressen sie ununterbrochen **Blätter** und wachsen schnell. Wenn ihre **Haut** zu klein wird, bilden sie eine neue und stoßen die alte ab. Die meisten Raupen sind grün oder braun und für Feinde kaum zu erkennen. Nach einigen Häutungen entwickelt sich die Raupe zur Puppe. Aus dieser schlüpft dann der Schmetterling.

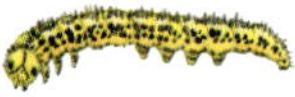

Regen, der

Regen ist flüssiger **Niederschlag**, der in Tropfen auf die **Erde** fällt. Er entsteht in **Wolken**. Wenn die anfangs winzigen Wolkentröpfchen zusammenstoßen, verschmelzen sie und werden größer. Irgendwann sind sie so schwer, dass die Luft sie nicht mehr halten kann. Sie fallen zu Boden, es regnet.

Regenbogen, der

Ein Regenbogen ist ein Farbband, das am Himmel erscheinen kann, wenn Regen und Sonnenschein gleichzeitig auftreten. Trifft das Sonnenlicht auf die Regentropfen, wird es gebrochen und reflektiert, das heißt, dass die Lichtstrahlen ihre Richtung ändern und zurückgeworfen werden. Dadurch wird das weiße Licht in seine einzelnen Farben zerlegt – Rot, Orange, Gelb, Grün, Blau und Violett. Die Farbwellen strahlen in unterschiedlichen Winkeln zurück, der Regenbogen entsteht. Um einen Regenbogen zu sehen, muss man mit dem Rücken zur Sonne stehen.

Regenwald, der

Der Regenwald ist ein immergrünes, fruchtbares, artenreiches Ökosystem, das vor allem in den Tropen vorkommt.

Die gleichmäßig hohe **Temperatur** und die regelmäßigen **Regen**güsse bieten etwa der Hälfte aller **Tier-** und **Pflanzen-**arten der Welt beste Lebensbedingungen. Die Pflanzen des Regenwaldes wachsen in Stockwerken. Das Abholzen des Regenwaldes zerstört den Lebensraum seltener Lebewesen. Doch es beeinträchtigt auch die gesamte **Erde**, da die Pflanzen der riesigen Regenwälder große Mengen an **Sauerstoff** produzieren und das **Klima** günstig beeinflussen.

Regenwurm, der

Regenwürmer leben unter der Erde. Sie fressen vermoderte **Pflanzen** und Erde, in der Pflanzenteilchen enthalten sind. Dabei entstehen Röhren, die die Erde auflockern. Ihr Kot enthält **Nährstoffe**, die nützlich für das Pflanzenwachstum sind und den Boden verbessern. Regenwürmer sind Zwitter, das bedeutet, dass sie **Ei-** und Samenzellen in sich tragen. Sie können sich aber nicht selbst befruchten, sondern brauchen dazu einen anderen Regenwurm.

Regierung, die

Zu einer Regierung gehören **Politik**er, die den **Staat** leiten, Entscheidungen treffen und Verantwortung für die Abläufe übernehmen. Ziel der Regierung soll das Wohl aller Bewohner des Landes sein. Regierungschef ist meist ein Präsident oder Kanzler.

Reh, das

Rehe sind in **Europa** und **Asien** weitverbreitete **Säugetiere**. Sie gehören zu der Familie der **Hirsche**. Ihre Nahrung besteht aus **Blättern**, Gras, Eicheln und **Baum**rinde. Ein männliches Reh wird Bock genannt. Er trägt ein nachwachsendes Geweih, das er einmal im Jahr abwirft.

Reiten

Reiten ist eine Sportart, die der **Mensch** gemeinsam mit einem **Pferd** ausübt. Pferd und Reiter müssen sich gut verstehen. Der Reiter vermittelt dem Pferd durch seine Stimme, die Zügel und seine Körpersprache, in welcher Geschwindigkeit und in welche Richtung es sich bewegen soll. Der Reitsport wird unterteilt in u. a. Dressurreiten, Springreiten, Rennsport, Polo und Voltigieren.

Religion, die

Wenn Menschen an einen **Gott** oder an eine andere Macht, die übernatürlich wirkt, glauben, haben sie eine Religion. Das kann der Glaube an einen Gott, an viele Götter oder an göttliche Kräfte der **Natur** sein. Gottesdienste, Gebete und eine Orientierung an den religiösen Werten, wie z. B. Nächstenliebe, sind Teil einer Religion. Es gibt fünf **Weltreligionen** und viele andere Glaubensrichtungen.

Reptilien, die

Reptilien haben eine schuppige **Haut**, einen Schwanz und meist vier Beine. Sie legen **Eier** und atmen mit **Lungen**. Reptilien gehören zu den wechselwarmen **Tieren**, das bedeutet,

dass ihre Körper**temperatur** von der Außentemperatur abhängt. Deswegen leben Reptilien vor allem in warmen Gebieten. **Schildkröten**, **Eidechsen**, **Schlangen** und **Krokodile** sind Reptilien. Schon vor vielen Millionen Jahren gab es Reptilien, unter ihnen die **Dinosaurier**.

Republik, die

Eine Republik ist eine Staatsform, in der das Staatsoberhaupt nicht wie eine Königin oder ein König allein regiert. Eine Republik kann eine **Demokratie** sein – wie etwa in **Deutschland**, Österreich und der Schweiz. Dann wird die **Regierung** vom Volk durch **Wahlen** bestimmt. Manche Staaten, die Volksrepublik China und die Sozialistische Republik Kuba z. B., sind Republiken, in denen keine Demokratie herrscht.

Rhythmus, der

Ein Rhythmus ist ein zeitlich gegliederter, wiederkehrender Vorgang. Die Wiederkehr von **Ebbe und Flut** hat einen Rhythmus, der Wechsel von **Tag und Nacht** ebenso. Rhythmus ist auch ein wichtiger Bestandteil der **Musik**. Dieser Wechsel von langen und kurzen Tönen und ihrer Betonung verleiht dem Musikstück neben der Melodie seinen Charakter. Auch **Sprache** hat einen Rhythmus, das wird bei **Gedichten** und Liedertexten besonders deutlich.

Rind, das

Rinder sind weltweit wichtige Nutztiere. Sie liefern Fleisch, Milch und Leder. Rinder sind Wiederkäuer, die sich hauptsächlich von Gras ernähren. Da das schwer verdaulich ist, ist ihr **Magen** in vier Teile unterteilt, die bei der Zerkleinerung helfen. Sie schlucken das Gras kaum zerkaut hinunter.
In den vorderen Magenteilen wird es zerrieben und vorverdaut, dann wieder hochgewürgt, gründlich gekaut und wieder verschluckt. Schließlich beginnt im untersten Magenteil die Verdauung. Auch Bisons, Büffel und Yaks gehören zu den Rindern.

Yaks leben im Hochland von China und Tibet.

Ritter, der

Ritter waren im **Mittelalter** berittene adelige Krieger, die im Gebiet des heutigen **Europas** für ihren König oder Fürsten in den Kampf zogen. Der König stellte ihnen für ihre

Dienste Land zur Verfügung. Es gab Regeln, die ein Ritter befolgen musste, z. B. Tapferkeit und Treue, gutes Benehmen sowie Schutz der Kirche und der Schwachen. Reiche Ritter lebten in **Burgen**, ärmere in Ritterhäusern.

Robbe, die

Robben sind im **Meer** lebende **Säugetiere**. Sie kommen meist in kälteren Gewässern vor. Sie gehören zu den **Raubtieren** und ernähren sich vor allem von **Fischen**. **Nase** und **Ohren** können sie im Wasser verschließen. Vor der Kälte des Wassers schützen sie sich durch eine dicke Fettschicht und ein dichtes **Fell**. Da sie immer wieder an Land gehen, z. B. auch, um ihre Jungen zur Welt zu bringen, leben sie in Küstennähe. Zu den etwa 30 Arten gehören auch See-Elefanten und Walrosse. In **Nord-** und **Ostsee** kommen **Seehunde**, Kegelrobben und Ringelrobben vor.

Kegelrobbe

Roboter, der

Roboter sind computergesteuerte **Maschinen**, die von **Menschen** so programmiert werden, dass sie bestimmte Aufgaben automatisch verrichten können. Sie arbeiten schnell und genau, giftige Stoffe oder langweilige Tätigkeiten machen ihnen nichts aus. In der **Auto**produktion werden Roboter z. B. zum Schweißen und Lackieren eingesetzt. Roboter sehen nicht aus wie Menschen – aber der Maschinenmensch war vor etwa 100 Jahren die Ursprungsidee für die Entwicklung von Robotern.

Rohstoff, der

Rohstoffe sind in der **Natur** vorkommende Stoffe, die wir unbearbeitet nutzen oder zu neuen Produkten verarbeiten. Rohstoffe können pflanzlicher, tierischer oder mineralischer Herkunft sein. **Erdöl**, **Holz**, Eisenerz, **Salz**, Wolle und **Wasser** gehören dazu. Viele Rohstoffe, wie etwa Holz und Erdöl, kommen auf der **Erde** nur begrenzt vor.

Salz, das

Salz ist ein Mineral, das unser Körper zum Beispiel für den Wassertransport braucht. Es ist in vielen unserer Nahrungsmittel enthalten. Salz kann aus dem Meer gewonnen werden oder es kommt in unterirdischen Salzstöcken vor und wird dort abgebaut.

Samen, der

Samen dienen der Vermehrung der Blütenpflanzen. Nach der Bestäubung der Blüte entwickelt diese sich zur Frucht, die den Samen enthält. Fällt ein Samen an einer geeigneten Stelle zu Boden, wächst dort eine neue Pflanze. Eicheln, Löwenzahn-Schirmchen, Apfelkerne und Pfirsichsteine sind z.B. Pflanzensamen.

Satellit, der

Ein Satellit ist ein künstlicher Raumflugkörper, der auf einer Umlaufbahn um einen Himmelskörper, z.B. um die Erde, kreist. Nachrichtensatelliten werden für die Übermittlung

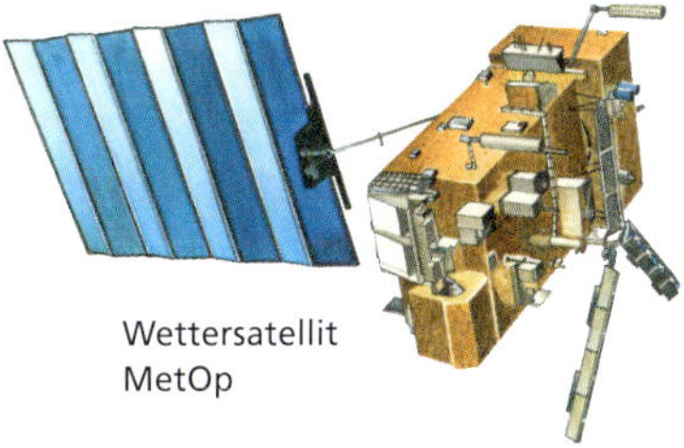

Wettersatellit
MetOp

von Fernsehsendungen, Telefongesprächen und Computerdaten genutzt, Wettersatelliten für die Wetterbeobachtung und -vorhersage. Satelliten werden von Raketen in die Umlaufbahn der Erde befördert.

Sauerstoff, der

Sauerstoff ist ein farbloses und geruchloses Gas. Es ist in der Erdatmosphäre, im Wasser und auch im Gestein enthalten. Fast alle Lebewesen brauchen Sauerstoff zum Leben. Pflanzen produzieren Sauerstoff.

Säugetier, das

Säugetiere haben ein Fell, sie sind lebend gebärend und die Jungen werden nach der Geburt von der Mutter gesäugt. Ihre Körpertemperatur ist gleichwarm, also nicht von der Umgebungstemperatur abhängig. Sie atmen mit Lungen. Säugetiere kommen weltweit vor, die meisten Arten leben an Land. Lebensraum der Wale, Seekühe und Robben ist das Meer und wenige Arten, wie die Fledermäuse, können fliegen. Auch der Mensch wird zu den Säugetieren gezählt.

Savanne, die

Savannen liegen zwischen der Wüste und dem tropischen Regenwald. Vor allem in Afrika, aber auch in Asien, Australien und Teilen Südamerikas kommen sie vor. Die Savanne ist geprägt durch monatelange Trockenzeiten im Wechsel mit Regenzeiten. Zu den **Pflanzen** der Savanne gehören einzeln stehende **Bäume**, Sträucher und Gräser. **Elefanten**, **Zebras**, Gazellen, **Giraffen** und **Löwen** bewohnen diesen Lebensraum.

Schaf, das

Schafe sind **Säugetiere**. Schon früh hielt der **Mensch** sie als **Haustiere**, um Wolle, Milch und Fleisch zu nutzen. Hausschafe leben auf der ganzen Welt. Wildschafe wie das Mufflon kommen vor allem in den Gebirgen von **Nord-amerika**, **Asien** und Süd**europa** vor.

Schall, der

Alle Geräusche, die wir hören, sind Luftschwingungen, die zu unseren **Ohren** getragen werden. Diese Schwingungen nennen wir Schallwellen. Zupfst du an einer Gitarrensaite, versetzt du sie in Schwingung. Die umgebende **Luft** wird ebenfalls in Schwingung versetzt – das sind die Schallwellen. Sie breiten sich aus, gelangen an unsere **Ohren** und wir hören einen Ton.

Schiff, das

Seit vielen tausend Jahren fahren die **Menschen** zur See. Schiffe ermöglichten die Erforschung der Welt und die Erweiterung des Handels. Segelschiffe und Ruderschiffe wurden durch den **Wind** oder **Muskel**kraft angetrieben. Heute übernehmen meist **Motoren** und Schiffsschrauben diese Aufgabe. Auf großen Containerschiffen werden Waren von einem **Hafen** zum anderen transportiert. Schiffe werden auf Werften gebaut. Die linke Schiffsseite heißt Backbord, die recht Steuerbord.

Schildkröte, die

Schildkröten gehören zu den **Reptilien**. Sie leben in warmen Gebieten. Es gibt Landschildkröten und Wasserschildkröten. Die Vorderbeine der Meeresschildkröten haben eine flossenartige Form. Zur Eiablage kommen sie an Land, legen

die **Eier** in Sandgruben und verscharren sie. Manche Landschildkröten können über 100 Jahre alt werden. Schon bevor es **Dinosaurier** gab, lebten Schildkröten auf der **Erde**.

Sumpfschildkröte

Schlaf, der

Während wir schlafen, erholt sich unser Körper: Unser **Herz** schlägt langsamer, wir atmen seltener und die Körper**temperatur** sinkt. Wir unterscheiden verschiedene Schlafabschnitte, die sich in der Nacht immer wieder abwechseln: den Leichtschlaf, den Tiefschlaf und den **Traum**schlaf. Insgesamt verschlafen wir in unserem Leben etwa 25 Jahre.

Schlange, die

Schlangen sind weltweit verbreitete **Reptilien**, nur in sehr kalten Gebieten kommen sie nicht vor. Sie sind Fleischfresser. Kleinere Beutetiere verschlucken sie lebendig. Größere **Tiere** werden von manchen Schlangenarten durch einen Biss mit ihren Giftzähnen getötet, andere erwürgen sie mit ihrem kräftigen Körper. Ihre **Zungen** nutzen Schlangen als

Ringelnatter

Sinnesorgan, mit dem sie riechen und ihre Umwelt erkunden können. Schlangen wachsen ein Leben lang. Da aber ihre Haut nicht mitwächst, bilden sie immer wieder eine neue Haut und stoßen die alte ab.

Schleuse, die

Schleusen werden gebaut, um Höhenunterschiede im Verlauf eines Kanals oder eines Flusses auszugleichen. Zwei Schleusentore begrenzen die Schleusenkammer. Kommt ein Schiff aus dem Gewässerabschnitt mit höherem Wasserstand, fährt es in die Schleusenkammer. Die Tore werden geschlossen und der Wasserstand in der Kammer dem Wasserstand auf der anderen Seite des Tores angepasst. Dann wird das Tor geöffnet und das Schiff kann seine Fahrt fortsetzen.

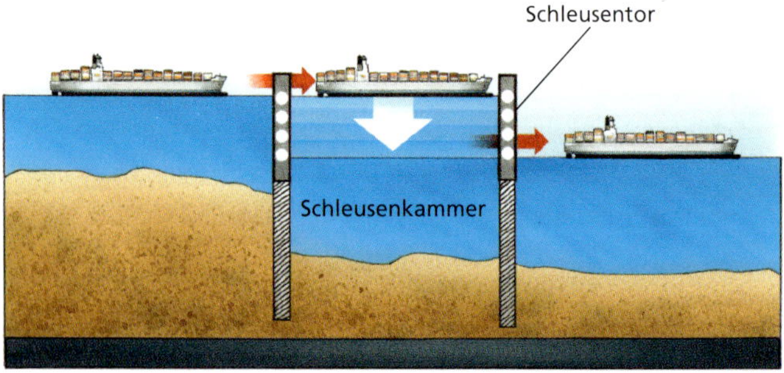

Schmerz, der

Schmerz ist eine unangenehme Wahrnehmung. Er ist ein Warnsignal unseres Körpers, denn dann wissen wir, dass etwas nicht in Ordnung ist. In der **Haut** liegen Millionen von **Nerven**, die die Schmerzsignale an das **Gehirn** weiterleiten.

Schmetterling, der

Pfauenauge

Schmetterlinge sind **Insekten**. Sie haben einen Saugrüssel, mit dem sie **Blüten**nektar aufnehmen. Die Muster auf ihren vier Flügeln werden von bunten Farbschuppen gebildet. Bei manchen Arten dienen sie zur Tarnung und Abschreckung. Die **Larven** der Schmetterlinge nennen wir **Raupen**. Sie durchlaufen ein Puppenstadium, bevor sie zum erwachsenen Schmetterling werden.

Schnecke, die

Schnecken gehören zu den **Weichtieren**. Manche Arten leben an Land, andere im **Wasser**. Die meisten Schnecken haben vier Fühler. An der Spitze der beiden langen Fühler sitzen die **Augen**. Bei Gefahr ziehen sie sich in ihr spiralförmiges Gehäuse zurück, das sie auch vor Austrocknung schützt. Schnecken ohne Gehäuse nennen wir Nacktschnecken. Damit sie nicht austrocknen, sondern sie einen festen Schleim

ab. Da dieser ungenießbar ist, kommen sie für die meisten Tiere als Beute nicht in Frage. Schnecken ernähren sich meist von **Pflanzen**.

Schnee, der

Schnee ist eine Form von **Niederschlag**. Wenn die **Temperatur** in einer **Wolke** weit unter 0°C liegt, entstehen winzige Eiskristalle. Sie verbinden sich zu Flocken und fallen zur Erde, sobald sie schwer genug sind. Herrschen in Bodennähe niedrige Temperaturen, kommen die Flocken als Schnee an.

Schrift, die

Eine Schrift besteht aus aufeinanderfolgenden, festgelegten Zeichen, mit denen wir **Sprache** aufschreiben und damit sichtbar machen können. Schrift ermöglicht es uns, **Informationen** aufzubewahren und weiterzugeben. Die ersten Schriften, die **Menschen** vor etwa 5000 Jahren entwickelten, waren Bildschriften. Vorher konnten die **Menschen** ihr Wissen nur in der Erinnerung speichern und mündlich weitergeben.

Schwangerschaft, die

Die Zeit zwischen der Befruchtung der **Eizelle** im Körper der **Frau** und der Geburt, nennen wir Schwangerschaft. Beim Menschen dauert sie etwa neun Monate. In dieser Zeit wächst in der Gebärmutter das Kind heran. Die Dauer der

Schwangerschaft ist bei Säugetieren unterschiedlich. Elefantenkühe sind 22 Monate lang trächtig, Mäuse etwa 3 Wochen.

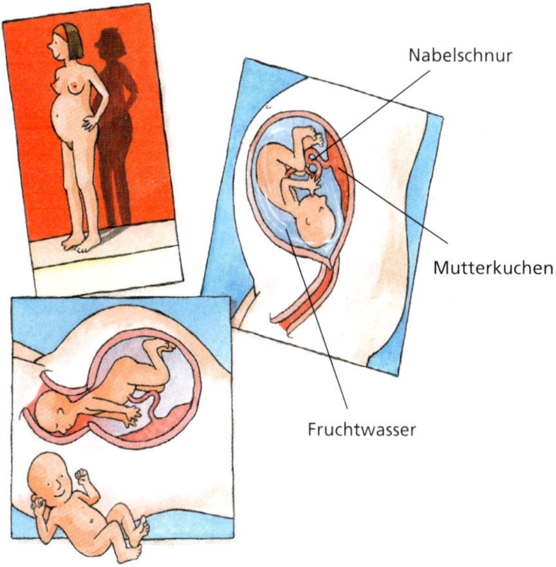

Bei der Geburt wird das Baby durch die Scheide nach draußen gepresst. Die Nabelschnur wird anschließend durchtrennt.

Schwein, das

Schweine sind weltweit vorkommende **Säugetiere**. Aus dem Wildschwein züchtete der **Mensch** schon vor über 7000 Jahren das Hausschwein. Es ist ein wichtiger Fleischlieferant. Schweine haben eine empfindliche **Haut** und können nicht schwitzen. Sie suhlen sich gern in feuchtem Schlamm, um sich abzukühlen, zu reinigen und sich vor Sonnenbrand zu schützen. Schweine sind Allesfresser.

See, der

Ein See ist ein Gewässer, das von Land umgeben ist und keine direkte Verbindung zum **Meer** hat. Viele Seen haben einen Zulauf, etwa von einem **Fluss**, und einen Ablauf. Außerdem werden sie von **Regen**wasser und Grundwasser gespeist. Die meisten Seen enthalten Süßwasser.

Seehund, der

Siehe: Robbe

Seepferdchen, das

Seepferdchen sind **Fische**, die vor allem in warmen **Meeren** vorkommen. Bei der Paarung spritzen die Weibchen ihre **Eier** in die Bruttasche der Männchen. Dort werden sie befruchtet. Wenn die Seepferdchen aus den Eiern geschlüpft sind, verlassen sie die Bruttasche. Seepferdchenpaare bleiben ein Leben lang zusammen.

Seestern, der

Seesterne gehören zu den Stachelhäutern. Sie kommen in fast allen Meeren in Küstennähe vor. Ihre Nahrung besteht vor allem aus **Muscheln**. In jedem der fünf Arme eines Seesterns befinden sich alle wichtigen **Organe**. Wird ein Arm abgetrennt, kann er weiterleben oder sich sogar wieder zu einem vollständigen Seestern entwickeln.

Seide, die

Aus Seide werden dünne, feine Stoffe hergestellt. Die **Raupe** eines **Schmetterlings**, des Seidenspinners, stellt einen feinen Faden her und legt ihn in Tausenden von Schlaufen um sich. So entsteht eine Schutzhülle, der Kokon, in dem sich die Raupe verpuppt. Um ihn zu nutzen, wird die Puppe vor dem Schlüpfen getötet und der Faden wird abgewickelt und verarbeitet.

Sinnesorgan, das

Auge, **Ohr**, **Haut**, **Nase** und **Zunge** sind Sinnesorgane. Sie dienen dazu, Reize aus unserer **Umwelt** aufzunehmen, z. B. Wärme, **Licht**, **Schall**, einen Geruch oder Geschmack. Die aufgenommenen Reize werden über **Nervenzellen** an das **Gehirn** weitergeleitet.

Skelett, das

Ein Skelett stützt den Körper und schützt einzelne Organe. Bei **Säugetieren**, **Vögeln**, **Fischen**, **Reptilien** und **Amphibien** besteht es aus **Knochen** und liegt im Inneren des Körpers. **Insekten**, **Krebse** und **Spinnen** haben ein Außenskelett, also eine feste Hülle, die den Körper von außen schützt.

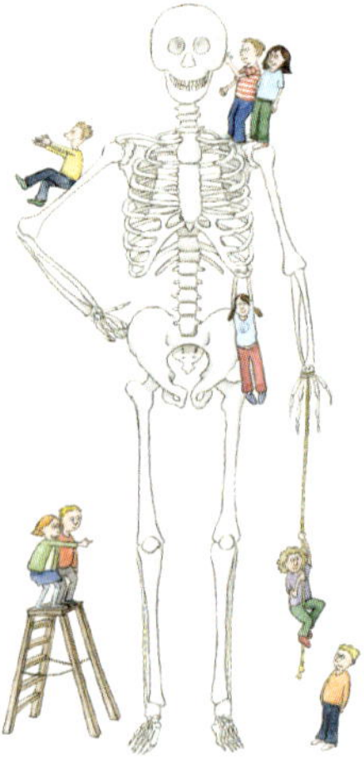

Sonne, die

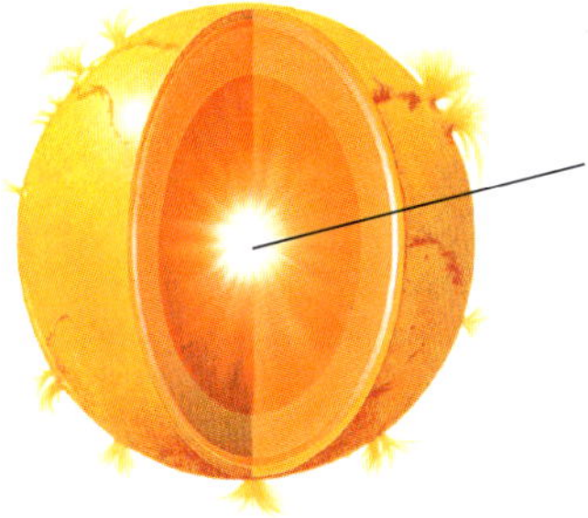

Die Sonne ist der **Stern**, der unserer **Erde** am nächsten ist. Sie ist ein glühender **Gas**ball und so groß, dass die Erde mehr als eine Million Mal in sie hineinpassen würde. Im Inneren der Sonne herrschen etwa 15 Mio. °C. Bei dieser **Temperatur** verschmelzen kleinste Teilchen, nämlich Wasserstoffkerne, und werden zu Heliumkernen. Dabei entsteht sehr viel **Energie**, die in Form von **Licht** und Wärme das Leben auf der Erde ermöglicht, und das, obwohl die Sonne etwa 150 Mio. km von uns entfernt ist. Die Sonne ist das Zentrum unseres **Sonnensystems**.

Sonnensystem, das

Unser Sonnensystem besteht aus der **Sonne** und allen Himmelskörpern, die sie umkreisen. Dazu gehören z.B. **Planeten**, Kleinplaneten, **Monde** und **Kometen**. Zu unserem Sonnensystem zählen acht Planeten. Es ist etwa 4,5 Mrd. Jahre alt. Das Sonnensystem ist Teil eines **Stern**systems, auch **Galaxie** genannt. Wie viele Galaxien es im **Weltall** gibt, wissen wir nicht. Die Galaxie, zu der unser Sonnensystem gehört, heißt Galaxis oder Milchstraße.

Teil unseres Sonnensystems

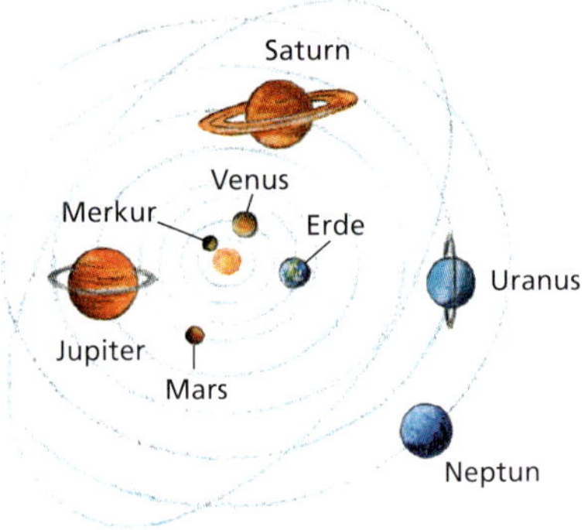

Spinne, die

Spinnen gehören zu den Spinnentieren. Sie haben acht Beine, keine Flügel und keine Fühler. Ihr Körper ist in zwei Teile unterteilt. Spinnen ernähren sich von **Insekten**. Viele Spinnenarten haben am Hinterleib eine Drüse, mit der sie

die Fäden für den Netzbau herstellen. Die Insekten, die sich im Netz verfangen, werden durch ein **Gift** getötet.

Sport, der

Siehe Seite 192/193

Sprache, die

Sprache ist ein Mittel zur Verständigung. Sie besteht aus Lauten, mit denen wir Wörter und Sätze bilden. Der Aufbau einer Sprache folgt bestimmten Regeln. Diese Sprachregeln nennen wir **Grammatik**. Außerdem braucht jede Sprache einen Wortschatz – damit ist eine große Anzahl an Wörtern gemeint. Mit der Sprache können wir Gedanken und Gefühle ausdrücken. Die Fähigkeit, eine Sprache zu lernen, ist jedem **Menschen** angeboren. Die Sprache selbst, egal ob Deutsch, Englisch oder Chinesisch, muss er aber lernen. Weltweit gibt es mehrere Tausend Sprachen.

Staat, der

Ein Staat erstreckt sich über ein bestimmtes, von Grenzen umgebenes Gebiet. In diesem Gebiet leben **Menschen**, sie sind die Bevölkerung des Staates. Der Staat wird von einer **Regierung** geführt und es gelten **Gesetze**. Es gibt 193 Staaten, **Deutschland**, Österreich und die Schweiz gehören dazu.

Sport

Laufen und Speerwerfen gehören zu den Leichtathletiksportarten.

Turnen am Pferd

Zu den Schwimmstilen gehören Brust-, Kraul-, Rücken- und Delfinschwimmen.

Turnen an den Ringen

Hochsprung

Basketball

Tennis

Bei den Wintersportarten sind Skiabfahrt und Skilanglauf besonders beliebt.

Steppe, die

Flache, baumlose, trockene Graslandschaften der gemäßigten **Klimazonen** nennen wir Steppe. Die Steppe in **Südamerika** bezeichnen wir als Pampa, in Ungarn heißt sie Puszta, in **Nordamerika** Prärie. Auch die **Savannen** gehören zu den Steppen.

Stern, der

Sterne sind riesige, leuchtende **Gas**kugeln, die scheinbar unbeweglich am Himmel stehen. Im Inneren eines Sterns verschmelzen kleine Teilchen, die Wasserstoffkerne, miteinander. Dadurch wird sehr viel **Energie** in Form von **Licht** und Wärme freigesetzt. Sterne entstehen, wenn sich an einer Stelle im **Weltall** aus Gasen und Staub eine riesige **Wolke** gebildet hat, die durch verschiedene Kräfte in sich zusammenstürzt. Wenn dann der Druck und die **Temperatur** im Inneren so hoch sind, dass die Verschmelzung der Wasserstoffkerne beginnt, ist ein Stern entstanden. Er verglüht, wenn die Wasserstoffkerne aufgebraucht sind – das dauert einige Millionen bis Milliarden Jahre. Wissenschaftler schätzen, dass es im Weltall mehr Sterne gibt als Sandkörner auf der **Erde**. Die **Sonne** ist unser nächster Stern.

Steuern, die

Steuern sind **Geld**abgaben, die jeder **Bürger** an den **Staat** zahlen muss. Die Steuern werden für öffentliche Aufgaben

verwendet, z. B., um Schulen oder Straßen zu bauen, Lehrer einzustellen und Menschen zu unterstützen, die keine Arbeit haben.

Stoffwechsel, der

Als Stoffwechsel bezeichnen wir die Aufnahme, die Umwandlung, den Transport, den Abbau und die Ausscheidung von Stoffen im Körper. Die Nahrung, die wir aufnehmen, wird im Körper so umgewandelt, dass wir ihr **Nährstoffe** entnehmen können. Diese brauchen wir z. B., um **Zellen** aufzubauen und um **Energie** zu gewinnen. Beim Atmen nehmen wir **Luft** auf, der wir den lebenswichtigen **Sauerstoff** entziehen.

Storch, der

Störche sind **Vögel**, die, mit Ausnahme der **Antarktis**, auf allen **Kontinenten** vorkommen. Bei uns ist vor allem der Weißstorch heimisch. Er lebt in feuchten Gebieten und ernährt sich von **Fröschen**, **Mäusen** und **Insekten**. Um sich zu verständigen, klappert er mit dem Schnabel. Weißstörche gehören zu den **Zugvögeln**.

Strauß, der

Der Strauß ist ein Laufvogel. Er kommt nur in den Savannen Afrikas vor. Er erreicht eine Größe von 2,50 m und ein Gewicht von 140 kg. Zum Fliegen ist der Strauß zu groß und zu schwer, aber er ist ein sehr schneller Läufer. Er schafft Geschwindigkeiten bis zu 70 km/h. Der Strauß ist der größte Vogel der Welt.

Stress, der

Stress ist eine wichtige Reaktion des Körpers. Wenn wir in Gefahr geraten oder eine besondere Anforderung erfüllen müssen, stellt sich der Körper darauf ein. Er wird leistungsstärker, indem das Herz schneller schlägt und Gehirn und Lunge besser mit Sauerstoff versorgt werden. Stress kann aber schädlich sein, wenn er über einen längeren Zeitraum anhält. Dann werden Körper und Seele überfordert.

Strom, der

Strom fließt, wenn **Elektrizität**, also die **Energie**, die sich zwischen geladenen Kernteilchen aufbaut, in Bewegung versetzt wird. Damit das passiert, ist eine Stromquelle nötig. Das kann z. B. ein Kraftwerk sein, eine **Batterie** oder ein Fahrrad**dynamo**. Außerdem wird ein Leiter benötigt, durch den der Strom fließen kann, z. B. ein Kabel. Da Strom nur in einem Stromkreis fließt, muss im Kabel eine Ader für den Hinweg und eine für den Rückweg der Kernteilchen sein. Und schließlich muss der Strom auch abgenommen werden, etwa, indem wir eine Lampe anschalten. Knipsen wir sie wieder aus, fließt der Strom nicht mehr.

Sucht, die

Eine Sucht ist eine seelische oder körperliche Abhängigkeit. Die häufige Einnahme von **Drogen**, **Alkohol** oder Medikamenten kann zu einer Sucht führen.

Südamerika

Zwölf Länder gehören zu Südamerika, dem viertgrößten **Kontinent**. In den meisten Ländern sprechen die **Menschen** Spanisch oder Portugiesisch. Für die Wirtschaft spielen vor allem der Anbau von **Kaffee**, **Kakao** und die Förderung von **Erdöl**, Kupfer und Zinn eine Rolle. Es gibt wenige wohlhabende und viele arme Menschen in Südamerika. Große Teile Südamerikas liegen in den **Tropen**. Der **Amazonas** ist der

wasserreichste **Fluss** der **Erde**. Die riesigen angrenzenden **Urwald**gebiete sind Lebensraum für viele Millionen **Tier**- und **Pflanzen**arten. An der Westküste **Südamerikas** erstrecken sich die Anden, das mit etwa 7000 km längste **Gebirge** der Welt. Der südlichste Punkt Südamerikas ist die Landspitze **Kap Hoorn**, die zu Chile gehört. Hier treffen **Atlantik** und **Pazifik** zusammen.

Siehe auch: Weltkarte, Seite 224/225

Südlicher Ozean

Der Südliche Ozean ist der zweitkleinste Ozean. Er umgibt den Kontinent Antarktika. Im Südlichen Ozean leben große Mengen Krill, die die Nahrungsgrundlage für viele **Tiere** des **Meeres** und wichtiger Teil des **Nahrungsnetzes** sind.

Siehe auch: Weltkarte, Seite 224/225

Südpol, der

Der Südpol ist der südlichste Punkt der **Erde**. Er liegt auf der Antarktis mitten im **Gletscher**eis. Vom Südpol aus gibt es nur die Himmelsrichtung Norden.

Siehe auch: Weltkarte, Seite 224/225

Synagoge, die

Eine Synagoge ist das **Gottes**- und Versammlungshaus der Juden. Hier treffen sich jüdische Gläubige zum Gottesdienst, zum Studium der **Thora** und zu Versammlungen.

Tachometer, das

Ein Tachometer zeigt die Geschwindigkeit an, mit der ein Fahrzeug fährt. Sie wird in Kilometer pro Stunde gemessen.

Tag und Nacht

Ein Tag hat 24 Stunden. Das ist die **Zeit**, die die **Erde** für eine Drehung um sich selbst braucht. Wir unterteilen ihn in Tag und Nacht. Auf dem Teil der Erde, auf den die **Sonne** gerade scheint, ist Tag. Auf der anderen Seite ist Nacht. Da die Erdachse schräg steht, verändert sich im Laufe eines **Jahres** an einem Ort der Zeitraum zwischen Sonnenaufgang und -untergang. Im Sommer ist es bei uns länger hell als im Winter.

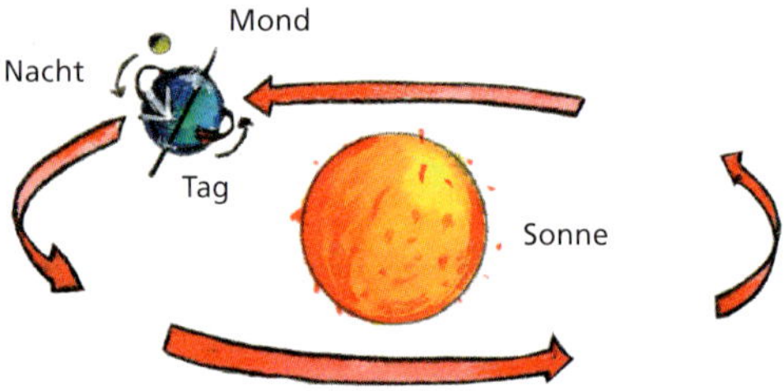

Tal, das

Ein Tal ist eine lang gestreckte Vertiefung in der Landschaft. Täler entstehen, wenn **Flüsse** im Laufe der Erdgeschichte immer mehr Gestein abtragen und tiefe Einschnitte hinter-

lassen. Auch Gletscher, die während der Eiszeit die Landschaft bedeckten, haben Täler geformt.

Tausendfüßer, der

Tausendfüßer gehören zu den Gliederfüßern. Am Kopf haben sie zwei Antennen. Ihr Körper besteht aus vielen gleichartigen Ringen, die ein oder zwei Beinpaare haben. Die meisten Tausendfüßer fressen abgestorbene Pflanzenteile. Kein Tausendfüßer hat tausend Beine. Es gibt eine Art, bei der immerhin 660 Beine gezählt wurden.

Team, das

Ein Team entsteht, wenn sich eine Gruppe von Menschen zusammenschließt, die ein gemeinsames Ziel verfolgen. Das kann eine Sportmannschaft, eine Schulklasse oder eine Gruppe von Kollegen sein, die in einem Unternehmen eine bestimmte Aufgabe übernehmen.

Technik, die

Als Technik bezeichnen wir Verfahren und Gegenstände, die der Mensch entwickelt hat, um sich die Arbeit und die Lebensbedingungen zu erleichtern. Dabei nutzen wir die Kräfte der Natur, etwa die elektrische Energie, aus der wir Strom gewinnen.

Tee, der

Die Teepflanze wächst in warmen Gebieten, vor allem in **Asien**, **Südamerika** und im Osten **Afrikas**. Die **Blätter** der Teepflanze werden mehrmals im **Jahr** gepflückt. Nach dem Welken werden sie gerollt und getrocknet. Ob daraus dann grüner Tee, schwarzer Tee oder weißer Tee entsteht, hängt von der Verarbeitung ab. Schon vor 2000 Jahren haben die **Menschen** in China Tee getrunken.

Temperatur, die

Die Temperatur ist das Maß für den Wärmegrad eines Körpers oder Stoffes. **Gase**, Flüssigkeiten und feste Stoffe bestehen aus winzig kleinen Teilchen, den **Atomen**. Diese Teilchen befinden sich ständig in Bewegung. Je schneller sie sich bewegen, desto höher ist die Temperatur. Die Bewegungs**energie** der Teilchen wandelt sich also in Wärmeenergie um. Die Einheit für die Temperatur ist bei uns und in vielen anderen Ländern Grad Celsius. Bei –273,15 °C bewegen sich die Teilchen nicht mehr, kälter kann es nicht werden. Die höchste Temperatur auf der **Erde** hat ein Blitz. Sie liegt bei 30 000 °C.

Theater, das

Ein Theater ist der Ort, an dem Aufführungen von Schauspielern, Tänzern, **Musik**ern oder anderen Künstlern auf einer Bühne stattfinden.

Thermometer, das

Ein Thermometer ist ein Gerät zur Messung der **Temperatur**. Manche Flüssigkeiten, wie z. B. Quecksilber, dehnen sich bei Erwärmung aus. Bei einem Flüssigkeitsthermometer befindet sich Quecksilber in einem Glasröhrchen. Hinter dem Röhrchen ist eine Temperaturskala. Steigt die Temperatur, steigt auch die Flüssigkeitssäule. Das kann dann auf der Skala abgelesen werden. Wird es kälter, sinkt die Flüssigkeit im Röhrchen wieder.

Thora, die

Die Thora ist der erste Teil des Tanach, der Heiligen Schrift der Juden. Dieser erste und wichtigste Teil ist die Grundlage des jüdischen Glaubens. Die Thora besteht aus fünf Teilen, den 5 Büchern Mose. In ihnen stehen die Gesetze **Gottes**. Die Thora der Juden gleicht dem Alten Testament der Christen. In jeder **Synagoge** wird eine handgeschriebene Thora aufbewahrt.

Tiefsee, die

Als Tiefsee bezeichnen wir die Bereiche des **Meeres**, in die nur wenig **Licht** eindringt. Ab etwa 200 m kommt nur noch wenig **Sonnenlicht** durch und das **Wasser** ist sehr kalt. Ab etwa 1000 m Tiefe herrscht völlige Dunkelheit. Nur wenige **Pflanzen** können hier ohne Licht überleben. Die **Tiere** der Tiefsee haben sich dem hohen **Wasser**druck und der Dunkelheit angepasst. Manche **Fische** haben große **Augen**, mit denen sie jedes bisschen Licht ausnutzen können. Die tiefste Stelle aller Meere ist mit 11 034 m der Marianengraben im **Pazifischen Ozean**.

Tier, das

Tiere sind Lebewesen, die sich von organischen Stoffen, also von Bestandteilen, die von **Pflanzen** oder Tieren stammen, ernähren. Das können Pflanzenreste, **Blätter**, **Früchte**, andere Tiere oder **Aas** sein. Außerdem atmen Tiere **Sauerstoff** ein. Die meisten Tiere können sich selbstständig fortbewegen und haben **Sinnesorgane**. Es gibt mehrere Millionen Tierarten.

Tiger, der

Tiger sind die größte Raub**katzen**art. Sie leben als Einzelgänger in den Wäldern Südost**asiens**, vor allem in Indien. Zu ihren Beutetieren gehören Wildschweine, **Hirsche** und kleinere Tiere wie **Hasen** und **Vögel**. Von den neun bekannten Tigerarten sind drei schon ausgestorben, die anderen sind bedroht.

Sibirischer Tiger

Tintenfisch, der

Tintenfische sind **Weichtiere**, die in fast allen **Meeren** vorkommen. Um den Mund herum tragen sie Fangarme, an deren Unterseite sich Saugnäpfe befinden. Sie ernähren sich von **Krebstieren**, **Muscheln** und **Fischen**. Viele Tintenfische können zur Tarnung die **Farbe** ihrer **Haut** ändern. Außerdem geben sie bei Gefahr eine dunkle Flüssigkeit ab, die die Sicht des Angreifers behindert. Zu den Tintenfischen gehören die Kalmare, die Kraken und Sepien. Kraken haben acht Arme, Kalmare und Sepien zehn.

Tod, der

Am Ende des Lebens aller Lebewesen steht der Tod. Bei **Menschen** und **Tieren** tritt er ein, sobald das **Herz** unwiederbringlich aufhört zu schlagen und die Atmungsorgane und das **Gehirn** nicht mehr arbeiten.

Toleranz, die

Viele **Menschen** leben anders, denken anders, sehen anders aus und glauben an etwas anderes als du. Wenn du anerkennst, dass diese anderen Lebensweisen und Meinungen ebenso wertvoll sind wie deine eigenen, bist du tolerant. Für eine friedliche Gesellschaft, in der alle gleichberechtigt leben können, ist Toleranz notwendig.

Tollwut, die

Tollwut ist eine Krankheit, die durch ein Virus ausgelöst wird. Das Virus wird von fleischfressenden Tieren, etwa Hunden, Füchsen oder Fledermäusen, die es im Speichel haben, durch einen Biss auf andere Tiere oder auf Menschen übertragen. Das Virus gelangt dann in das Rückenmark und in das Gehirn. Der Erkrankte bekommt hohes Fieber und Krämpfe. Wenn Tollwut nicht sofort behandelt

wird, führt sie zum **Tod**. Wildtiere dürfen nicht berührt werden, sie könnten Tollwut haben.

Träne, die

Eine Träne besteht aus einer wässrigen, salzigen Körperflüssigkeit, die ständig in der Tränendrüse des **Auges** gebildet wird. Die Flüssigkeit wird vom Augenlid verteilt und befeuchtet und reinigt die Horn**haut** des Auges. Besonders viele Tränen werden gebildet, wenn ein Fremdkörper aus dem Auge heraus gespült werden muss oder wenn wir weinen.

Traum, der

Bilder und Geräusche, die unser **Gehirn** im **Schlaf** erzeugt, nennen wir Träume. Sie dienen unter anderem dazu, die Erlebnisse des Tages zu verarbeiten. Wir träumen mehrmals in der Nacht, aber nur selten können wir uns nach dem Aufwachen daran erinnern. Träume, in denen etwas passiert, das uns Angst macht, nennen wir Albträume.

Tropen, die

Die Tropen sind die **Klimazone**, die im Gebiet zwischen dem **Äquator** und den Subtropen liegt. Das **Klima** der Tropen ist feucht und warm. **Jahreszeiten** gibt es nicht, dafür aber **Regen-** und Trockenzeiten. Im Bereich der Tropen liegen **Regenwälder**, **Savannen** und **Wüsten**.

Tundra, die

Die baumlosen Landschaften der Arktis, die an die Eiswüsten angrenzen, nennen wir Tundra. Der Boden der Tundra ist in größerer Tiefe immer gefroren, im Sommer taut nur die obere Schicht auf. Die Sommer in der Tundra sind kurz und kühl, die Winter lang und kalt. Es wachsen nur Moose, Flechten und Gräser. Polarfüchse, Wölfe, Rentiere und zahlreiche Vogelarten haben sich an diesen Lebensraum angepasst.

Turbine, die

Eine Turbine ist eine Maschine, durch die der Mensch die Energie von strömendem Wasser oder Gas nutzen kann. Turbinen werden für die Stromerzeugung eingesetzt. Dafür wird Wasser oder Wind durch große Schaufelräder geleitet. Die entstehende Drehbewegung wird an Stromerzeuger, Generatoren genannt, weitergegeben. Im Flugzeug- und Schiffbau werden Turbinen in den Triebwerken benötigt.

Gasturbine eines Schiffes

Uhr, die

Eine Uhr ist ein Gerät, das die aktuelle **Zeit** anzeigt und den Verlauf der Zeit misst. Vor Jahrtausenden benutzten die **Menschen** den Lauf der **Sonne** als Zeitmesser. Vor etwa 700 Jahren wurden Uhren entwickelt, die mit **Zahnrädern** funktionierten. Seit 1927 gibt es Quarzuhren, sie nutzen elektrischen **Strom** und das regelmäßige Schwingen von Quarzteilchen für die Zeitmessung. Die genauste Uhr ist eine Atomuhr.

Ultraschall, der

Schallwellen, die unser **Ohr** nicht mehr hören kann, nennen wir Ultraschall. Wir nutzen Ultraschall z. B. für medizinische Untersuchungen. Dabei werden mit einem Gerät Ultraschallwellen durch den Körper gesendet. Die Wellen werden von dem Gewebe der untersuchten **Organe** unterschiedlich stark aufgenommen. Sie werden zu einem Bild, das auf einem Monitor dargestellt wird. Manche Lebewesen, wie **Hunde** oder **Fledermäuse**, können Ultraschall wahrnehmen.

Umwelt, die

Zu unserer Umwelt gehören **Luft**, Boden, **Wasser**, das **Klima**, jede Landschaft, jedes **Tier** und jede **Pflanze**. Das sind unsere Lebensgrundlagen. Mit Umweltschutzmaßnahmen versuchen wir, unsere Umwelt zu schützen und zu erhalten oder Schäden in der Natur zu beheben.

Universum, das

Sehe: Weltall

Unterseeboot, das

Ein Unterseeboot ist ein Schiff, das unter Wasser fahren kann. Um abzutauchen, muss es schwerer werden als das Wasser, das es verdrängt. Damit das passiert, werden Tanks mit Wasser gefüllt, das U-Boot wird schwerer und sinkt nach unten. Wird Luft in die Tanks gedrückt und das Wasser so wieder herausgepresst, taucht es wieder auf. U-Boote werden vom Militär, für Forschungszwecke oder für Arbeiten unter Wasser eingesetzt.

Forschungs-U-Boot

Urwald, der

Als Urwald bezeichnen wir ein **Wald**gebiet, das von Menschen nicht oder nur sehr wenig beeinflusst wurde und in dem **Tiere** und **Pflanzen** ungestört leben. Früher waren große Teile der **Erde** von Urwäldern bedeckt. Heute gibt es in **Europa** kaum noch Urwälder, weil die **Menschen** die **Bäume** fällten, das Holz verarbeiteten und die Flächen für die Landwirtschaft nutzten.

Brandrodung

Vegetarier, der

Vegetarier essen kein Fleisch und meist auch keinen **Fisch**. Sie ernähren sich vor allem von **Gemüse**, **Getreide**, **Obst** und anderen pflanzlichen Lebensmitteln. Manche Vegetarier verzichten auf alle tierischen Produkte, also auch auf Milch, **Eier** und Honig.

Vene, die

Venen sind Blutgefäße, in denen das sauerstoffarme **Blut** aus dem Körper zum **Herzen** transportiert wird. Von dort aus gelangt es in die **Lunge**, wo es wieder mit **Sauerstoff** angereichert wird. Es wird zum Herzen zurückgeführt, in den **Arterien** durch den Körper gepumpt und versorgt dabei die **Zellen** mit Sauerstoff.

Verdauung, die

Unser Körper muss alles, was wir essen und trinken, zerlegen, damit wir die **Nährstoffe** verwerten können. Diesen Vorgang nennen wir Verdauung. Im Mund wird das Essen zerkleinert, aufgeweicht und mit bestimmten Stoffen aus dem Speichel, den Enzymen, vermischt, die mit dem Abbau beginnen. Wir schlucken und die Nahrung gelangt durch die Speiseröhre in den **Magen**. Magensäure und Enzyme spalten sie weiter auf. Die **Muskeln** im Magen durchmischen den Speisebrei und leiten ihn in den **Darm**. Im Dünndarm wird die Nahrung in Fette, Zucker, **Vitamine**, Eiweiße und

weitere Stoffe zerlegt. Diese Nährstoffe werden durch die Darmwand ins **Blut** abgegeben und im Körper verteilt. Im Dickdarm werden der Nahrung **Wasser** und Mineralstoffe entzogen. Nicht verdauliche Stoffe werden schließlich als Kot abgegeben.

Virus, das

Viren sind winzig kleine **Krankheit**serreger. Sie können die **Zellen** von **Menschen**, **Tieren** oder **Pflanzen** befallen. Viren können sich nicht selbstständig vermehren. Dafür müssen sie in eine fremde Zelle eindringen und diese so verändern, dass sie neue Viruszellen herstellt. Meist ist unser Körper stark genug, um sich gegen Viren zu wehren, nur wenn wir geschwächt sind, werden wir krank. Schnupfen, Windpocken und **Aids** sind z. B. Krankheiten, die von Viren hervorgerufen werden.

Vitamin, das

Vitamine sind Stoffe, die der Körper für den **Stoffwechsel** braucht, aber nicht selbst herstellen kann. Für den Aufbau von **Knochen**, **Zellen**, **Blut**körperchen, für die Stärkung unseres Abwehrsystems und vieles mehr sind Vitamine notwendig. Wir müssen sie mit der Nahrung aufnehmen und da **Pflanzen** Vitamine produzieren, sollten wir täglich **Obst** und **Gemüse** essen.

Vogel, der

Vögel sind **Eier** legende Wirbeltiere, die Flügel, ein Gefieder und einen Schnabel haben. Sie sind gleichwarm und atmen mit **Lungen**. Damit sie fliegen können, sind die **Knochen** der Vögel hohl und leicht. Vögel sehen und hören sehr gut, ihr Geruchssinn ist nicht besonders gut ausgebildet.

Kohlmeise

Rotkehlchen

Star

Sperling

Vulkan, der

Ein Vulkan ist eine Öffnung in der Erdkruste, durch die im Erdinnern liegendes heißes, flüssiges Gestein, Magma genannt, an die Oberfläche gelangt. Das Magma sammelt sich unterirdisch in Magmakammern. Durch die dort entstehenden **Gase** kann der Druck unter der Oberfläche so groß werden, dass sich das Magma durch einen Schlot einen Weg nach oben bahnt. Der Vulkan bricht aus und schleudert Lava, Asche und Gase in die **Luft**. Sobald das Magma mit der Luft in Berührung kommt, nennen wir es Lava. An den

Stellen, an denen zwei Kontinentalplatten aufeinandertreffen, liegen besonders viele Vulkane.

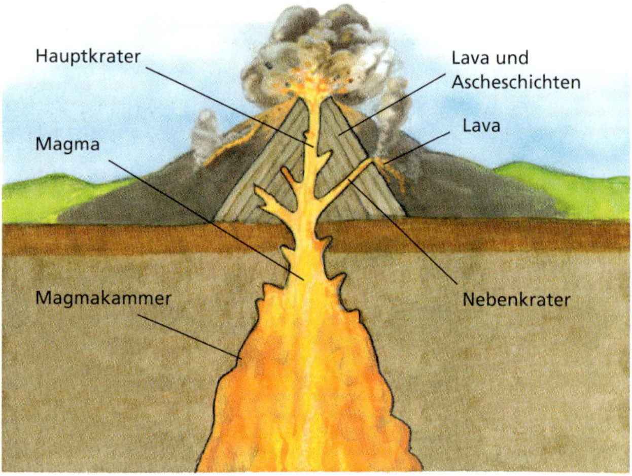

Waage, die

Eine Waage ist ein Messgerät zur Bestimmung des Gewichtes. Schon vor mehr als 5000 Jahren nutzten die **Menschen** in Ägypten Balkenwaagen. Bei Balkenwaagen hängt an beiden Enden eines aufliegenden Balkens eine Schale. Auf die eine Schale wird ein Gegenstand gelegt, dessen Gewicht bekannt ist, auf die andere der Gegenstand, der gewogen werden soll. Sind die Schalen im Gleichgewicht, sind die Gegenstände gleich schwer.

Wahl, die

Bei einer Wahl stimmen die Wähler darüber ab, welche Person ein bestimmtes Amt ausüben soll. In der Schule wählt ihr z. B. einen Klassensprecher. Wer die meisten Stimmen bekommt, gewinnt die Wahl. So ähnlich funk-

tioniert es auch in der **Politik**. In einer **Demokratie** müssen Wahlen allgemein, frei und gleich sein. Jeder Wahlberechtigte darf teilnehmen, muss es aber nicht. Wen er wählt, darf er frei entscheiden. Bei geheimen Wahlen erfährt niemand, für wen ein Wähler abgestimmt hat. Alle Stimmen sind gleich wichtig.

Wal, der

Wale sind im **Wasser** lebende **Säugetiere**, die in allen **Ozeanen** vorkommen. Sie atmen mit **Lungen** und müssen zum **Luft**holen an die Wasseroberfläche schwimmen. Das Blasloch auf ihrem Rücken dient zum Ein- und Ausatmen. Mit einer dicken Fettschicht, dem Blubber, schützen sie sich vor der Kälte des Wassers. Das größte **Tier** der Welt ist der Blauwal. Sein **Herz** ist so groß wie ein kleines **Auto**.

Blauwal

Wald, der

Der Wald ist ein Lebensraum für **Bäume**, Sträucher, **Pilze**, Moose, **Kräuter** und zahlreiche **Tier**arten. Damit ein Wald entstehen kann, müssen genügend Feuchtigkeit, Wärme und guter Boden vorhanden sein. Durch Abholzung sind viele Wälder bedroht. Für das **Klima** und die

Sauerstoffproduktion spielen sie eine wichtige Rolle. Bei uns finden wir vor allem Mischwälder aus z. B. Buchen, Eichen, Fichten und Tannen. In den Tropen wächst der Regenwald. Urwälder gibt es heute nur noch sehr wenige.

Wasser, das

Wasser ist eine durchsichtige, geruch- und geschmacklose Flüssigkeit. Sie gehört zu den wichtigsten Stoffen, die in der Natur vorkommen. Es besteht aus Sauerstoff- und Wasserstoffteilchen. Ohne Wasser gäbe es kein Leben. Etwa 70 % der Erdoberfläche sind von Wasser bedeckt. Bei einer Temperatur von 0°C gefriert Wasser, bei 100 °C kocht es. Aus dem Weltall betrachtet, sieht die Erde mit ihren riesigen Ozeanen aus wie eine schöne blaue Kugel.

Wasserkreislauf, der

Wasser befindet sich in einem ständigen Kreislauf. Es verdunstet von den Meeren, Seen und Flüssen, das heißt, es geht vom flüssigen in den gasförmigen Zustand über und steigt nach oben. In der Atmosphäre kühlt der Wasser-

dampf ab, es entstehen **Wolken**. Kühlt es in der Wolke weiter ab, werden die Wassertropfen größer und schwerer und fallen schließlich als **Niederschlag** zur **Erde**. Das Wasser sickert in den Boden. Dann wird es von **Pflanzen** aufgenommen oder es sammelt sich im Grundwasser. Viel Wasser fließt aber über die Flüsse zurück ins Meer. Der Kreislauf schließt sich. Das Wasser auf der Erde verändert seinen Zustand, aber es geht nicht verloren.

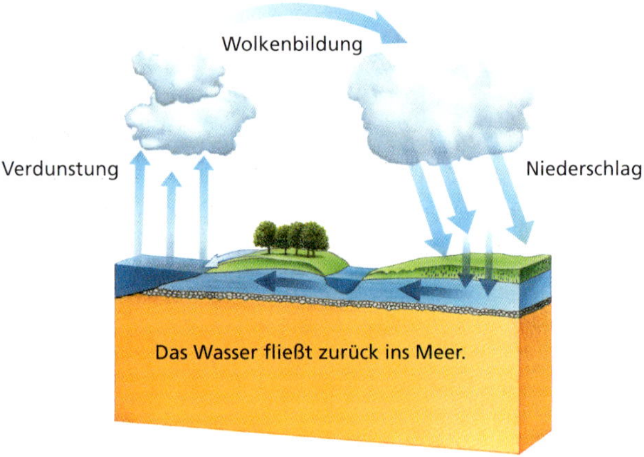

Weichtier, das

Als Weichtiere bezeichnen wir den Tierstamm, zu dem u. a. **Schnecken**, **Muscheln** und Kopffüßer (z. B. **Tintenfische**) gehören. Fast alle Weichtiere haben ein Gehäuse. Bei

Muscheln und Schnecken schützt es den Körper von außen. Tintenfische und Nacktschnecken haben Schalenreste im Körperinneren. Weichtiere haben eine Reibezunge, mit der sie Teilchen von ihrer Nahrung abschaben können.

Weltall, das

Das Weltall umfasst die **Erde**, die **Galaxien** und den gesamten Raum mit allem, was darin vorkommt. Andere Begriffe für Weltall sind Universum und Kosmos.

Weltreligion, die

Die fünf **Religionen**, die weltweit die meisten Gläubigen haben, nennen wir Weltreligionen. Es sind der Buddhismus, das Christentum, der Hinduismus, das Judentum und der Islam. Etwa 3,5 Mrd. **Menschen** sind Angehörige einer dieser Religionen.

Wetter, das

Als Wetter bezeichnen wir die Vorgänge in der **Erdatmosphäre** an einem bestimmten Ort zu einer bestimmten **Zeit**. Das Wetter hängt von dem Zusammenwirken von **Temperatur**, **Luftdruck**, **Wind**, Luftfeuchtigkeit, **Wolken** und **Niederschlägen** ab. Vor allem die **Sonne** hat großen Einfluss auf das Wetter. Ihre Strahlen wärmen die Luftmassen der Erde unterschiedlich stark auf und setzen sie in Bewegung. Auch die Drehung der Erde verändert die Bewegungen der Luftmassen. Wetter spielt sich in der untersten Schicht der Erdatmosphäre ab. Auf dem Mond gibt es kein Wetter.

Wettervorhersage, die

Wissenschaftler, die sich mit dem **Wetter** beschäftigen, nennen wir Meteorologen. Sie leiten aus dem aktuellen Wetter und dem der vergangenen Tage ab, wie das Wetter der nächsten Tage werden wird. Dafür sammeln sie auf der ganzen Welt Wetterdaten, etwa über **Temperatur**, **Luftdruck**, **Windstärke** und **-richtung** sowie **Niederschläge**, und berechnen mit Hilfe von **Mathematik** und **Computern** die Entwicklung des Wetters.

Wikinger, der

Die Völker, die zwischen dem 8. und 11. Jh. im Norden Europas vor allem als Seefahrer lebten, nennen wir Wikinger. Viele waren als Händler unterwegs oder suchten neue Gebiete, die sie besiedeln konnten. Andere aber überfielen und plünderten die Küstenstädte. Die Wikinger waren geschickte Schiffbauer und sehr gute Seefahrer.

Wildschwein, das

Siehe: Schwein

Wind, der

Wind ist Luft, die in Bewegung ist.

Weltkarte

Längengrad
Nordamerika
ATLANTISCHER OZEAN
PAZIFISCHER OZEAN
Südamerika
SÜDLICHER OZEAN

Nordpol
NORDPOLARMEER
Breitengrad
Asien
Europa
Afrika
Äquator
INDISCHER OZEAN
Australien
Antarktis
Südpol

Windrichtung, die

Sprechen wir von Windrichtung, meinen wir die **Himmelsrichtung**, aus der der **Wind** kommt. Bei Westwind weht er z. B. von Westen nach Osten.

Windstärke, die

Die Windstärke ist die Geschwindigkeit, mit der der **Wind** weht. Etwa 1806 erstellte der Engländer Francis Beaufort eine noch immer gültige Skala, mit der die Windstärken unterteilt werden können. Bei Windstärke 1 herrscht Windstille, bei Stärke 12 wütet ein schwerer Orkan. Die Einheit für die Windstärke ist Beaufort.

Winterschlaf, der

Winterschlaf ist ein sehr tiefer, langer Ruhezustand, in den manche **Säugetiere** der kalten und gemäßigten **Klimazonen** im Winter fallen. Auf diese Weise überstehen sie die kalte Zeit, in der sie keine Nahrung finden würden. Ihr Körper verbraucht in den Monaten des Winterschlafes die Fettpolster, die sie sich vorher angefressen haben.

Wirbelsturm, der

Wirbelstürme sind starke **Winde**, die sich um eine Achse drehen. Die Wirbelstürme der **Tropen** nennen wir je nach ihrem Entstehungsgebiet Taifun, Zyklon oder Hurrikan. Sie entstehen über dem **Meer**, das eine **Temperatur** von mindestens 27 °C haben muss. Dann verdunsten große **Wasser**mengen, die riesige **Wolken** erzeugen. Durch die Erddrehung entstehen Luftwirbel, die über das Meer rasen. Erreichen sie die Küste, können sie schlimme Verwüstungen anrichten. Im Inneren eines Wirbelsturms ist es beinahe windstill. Diesen Bereich nennen wir Auge. Ein Tornado ist ein kleinerer Wirbelsturm.

Tornado

Wirbeltiere, die

Wirbeltiere bilden einen Tierstamm, unter dem wir **Säugetiere**, **Vögel**, **Reptilien**, **Amphibien** und **Fische** zusammenfassen.

Wolf, der

Wölfe sind Raubtiere, die zur Familie der **Hunde** gehören. Früher waren sie in **Europa**, **Asien** und **Nordamerika** weitverbreitet, heute gibt es sie hauptsächlich noch in Osteuropa, Kanada und Sibirien. Sie leben in Rudeln, die durch ein Leittier angeführt werden. Zu ihren Beutetieren gehören **Hirsche**, Elche und Wildschweine. Unsere Hunderassen stammen vom Wolf ab.

Wolke, die

Eine Wolke ist eine Ansammlung von feinen **Wasser**tropfen oder Eiskristallen in der Troposphäre, der unteren Schicht der **Erdatmosphäre**. Wolken verteilen durch die **Niederschläge** das Wasser auf der **Erde**. Die Form der Wolken kann etwas darüber aussagen, wie das Wetter wird.

Dichte Federwolken sind Schlechtwetterboten.

Aus Schichtwolken fällt häufig Nieselregen.

Türmen sich Haufenwolken übereinander, naht ein Gewitter.

Wurm, der

Als Würmer bezeichnen wir wirbellose **Tiere**, die einen lang gestreckten, weichen, beinlosen Körper haben. Es gibt Fadenwürmer, Plattwürmer, Bandwürmer und viele mehr. Würmer kommen weltweit vor, sie leben in der Erde, im **Meer** oder manche sogar in **Tieren** oder **Menschen**. Der **Regenwurm** gehört zu den Ringelwürmern.

Wurzel, die

Die Wurzel ist ein **Organ** der **Pflanzen**. Sie sind meist unter der Erde, verankern die Pflanze im Boden und nehmen **Wasser** und **Nährstoffe** auf. Manche Pflanzen speichern in ihren Wurzeln Wasser und **Nährstoffe**. Karotten und Sellerie sind z. B. essbare Speicherwurzeln.

Wüste, die

Wüsten sind Gebiete, in denen sehr wenige oder gar keine **Pflanzen** leben. In heißen Regionen mit großer, andauernder Trockenheit liegen Sandwüsten. Dazu gehört die Sahara in **Afrika**, die etwa so groß ist wie die USA. In sehr kalten Gegenden, etwa der Antarktis, gibt es Kältewüsten.

Zahl, die

Zahlen sind Bezeichnungen für Mengen. Wir nutzen sie z. B. zum Zählen, Ordnen, Messen und Rechnen.

Zahn, der

Zähne sind bei **Menschen**, **Säugetieren** und einigen anderen **Wirbeltieren** ein Teil des Gebisses, das dem Halten und Zerkleinern von Nahrung dienen. Die obere Schicht des Zahnes, der Zahnschmelz, ist das härteste Material des menschlichen Körpers. Wird es beschädigt, können wir **Karies** bekommen. Beim Menschen und den meisten Säugetieren werden die ersten Zähne, die Milchzähne, einmal im Leben durch bleibende Zähne ersetzt. Ein Erwachsener hat 8 Schneidezähne, 4 Eckzähne und 16 bis 20 Backenzähne.

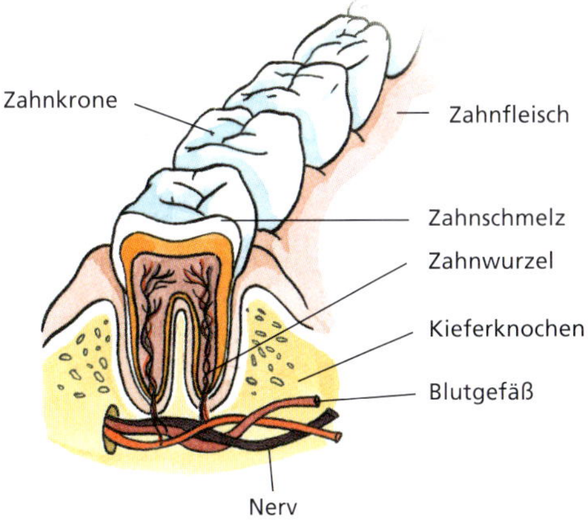

Zahnrad, das

Ein Zahnrad ist ein **Maschinen**teil, das Drehbewegungen und Kraft überträgt. Bei einem **Fahrrad** läuft die Fahrradkette über ein großes Zahnrad. Beim Treten bewegst du es, die Kette gibt die Bewegung an ein hinteres Zahnrad und damit an das Hinterrad weiter. Das Fahrrad fährt.

Zahnräder in einem Uhrwerk

Zebra, das

Zebras gehören zu den **Pferden**. Es gibt drei Arten, die nur in der afrikanischen **Savanne** vorkommen. Ihre gestreifte **Fell**zeichnung dient wahrscheinlich der Tarnung. In der flirrenden Hitze werden die einzelnen **Tiere** in der Herde von ihren Feinden, etwa den **Löwen**, schwerer erkannt. Im

Gegensatz zu Pferden lassen sich Zebras nicht zähmen und als **Haustier** nutzen.

Zecke, die

Zecken sind weltweit verbreitete **Spinnen**tiere. Sie ernähren sich vom **Blut** von **Wirbeltieren**. Sie leben vor allem in Sträuchern und Gräsern. Ein vorbeikommendes Wirtstier oder ein **Mensch** streift die Zecke ab und sie gelangt auf seine **Haut**. Dort setzt sie sich fest und saugt Blut. Manche Zecken übertragen **Krankheiten**, darum ist es wichtig, sie so schnell wie möglich zu entfernen.

Zeit, die

Die Zeit ist eine Größe, die gleichmäßig, nicht umkehrbar und unaufhaltsam verläuft. Alles, was passiert, spielt sich zu einem bestimmten Zeitpunkt ab. Die Gegenwart ist nur ein kleiner Moment zwischen der Vergangenheit und der Zukunft. Wir teilen die Zeit in Sekunden, Minuten und Stunden, Wochen, Monate und **Jahre** ein.

Zeitung, die

Eine Zeitung ist ein gedrucktes Medium, das täglich oder wöchentlich erscheint. Es informiert die Öffentlichkeit über das Tagesgeschehen. Auch Nachrichten aus verschiedenen Bereichen wie **Politik**, Wirtschaft, **Kultur** und **Sport** sowie Kommentare und Meinungen stehen in einer Zeitung.

Zelle, die

Alle Lebewesen bestehen aus kleinen Bausteinen, den Zellen. Im menschlichen Körper gibt es viele Zellarten, die

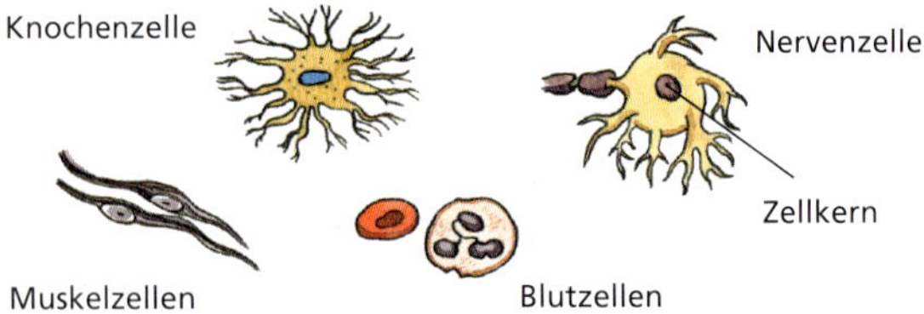

verschiedene Aufgaben übernehmen. Dazu gehören z.B. Nervenzellen, Muskelzellen und Blutzellen. Sie haben verschiedene Formen, aber sie alle haben einen Zellkern, die Zellmembran, die die Zelle umhüllt, und flüssiges Zellplasma. Zellen vermehren sich durch Teilung.

Zugvögel, die

Zugvögel sind Vögel, die die kalten Jahreszeiten in anderen Gebieten verbringen als die warmen. Bei uns sind es meist die Insekten fressenden Vögel, die im Herbst ihre Brutgebiete verlassen, weil sie im Winter nicht genügend Nahrung finden würden. Sie fliegen oft Tausende von Kilometern in den Süden, vor allem in die Mittelmeergebiete oder nach Afrika. Soweit wir wissen, ist den Zugvögeln der Zeitpunkt des Abfluges angeboren. Ihren Weg finden sie unter anderem mit Hilfe des Magnetfeldes der Erde. Zu den Zugvögeln gehören Wildgänse, Stare und Störche.

Storch

Zunge, die

Die Zunge ist ein muskuläres Organ, das der Mensch zum Schlucken, Schmecken, Sprechen und Tasten braucht. Auf der Oberseite der Zunge befinden sich Geschmacksknospen, mit denen wir die Geschmacksrichtungen süß, sauer, bitter

und salzig schmecken können. Um feinere Geschmacksrichtungen wahrzunehmen, brauchen wir zusätzlich unseren Geruchssinn. Auch **Säugetiere**, **Vögel**, **Reptilien** und **Amphibien** haben eine Zunge.

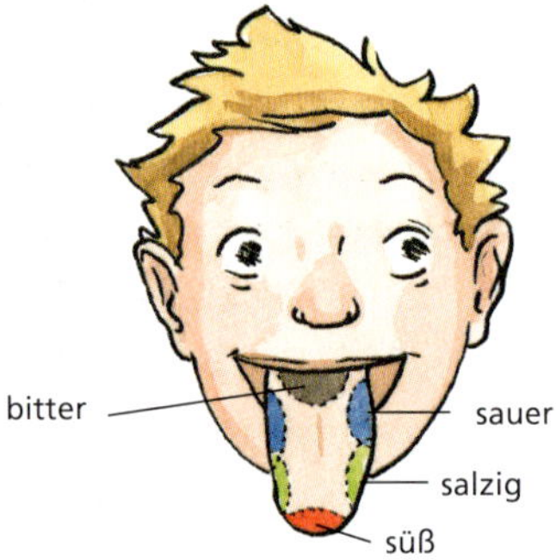

Zwiebel, die

Manche **Pflanzen**arten haben eine Zwiebel, ein unterirdisches **Organ**, in dem sie **Nährstoffe** speichern. Zu ihnen gehören Schneeglöckchen und Tulpen. Weil sie die Nährstoffe in ihren Zwiebeln nutzen können, kommen sie oft schon sehr früh im Jahr aus der Erde, manchmal sogar, wenn noch **Schnee** liegt. Speisezwiebeln können wir essen.

Zwillinge, die

Zwillinge sind zwei Geschwister, die gleichzeitig im Mutterleib heranwachsen und kurz nacheinander geboren werden. Reifen im Körper einer Frau ausnahmsweise zur gleichen Zeit zwei Eizellen heran, die von zwei Spermien befruchtet werden, können zweieiige Zwillinge entstehen. Eineiige Zwillinge entwickeln sich aus einer einzigen Eizelle. Diese teilt sich in einem frühen Stadium in zwei Teile, aus denen dann jeweils ein Kind heranwächst. Eineiige Zwillinge ähneln einander sehr, da sie dieselben Erbinformationen haben. Geschlecht, Haarfarbe, Augenfarbe und Blutgruppe sind bei ihnen gleich.

pixi Mach dich

WISSEN – EINFACH GUT ERKLÄRT

Strand & Watt
ISBN 978-3-551-24083-5

Die Erde
ISBN 978-3-551-24053-8

Pferde & Ponys
ISBN 978-3-551-24051-4

Eisenbahn
ISBN 978-3-551-24078-1

Toleranz & Respekt
ISBN 978-3-551-24085-9

Fußball
ISBN 978-3-551-24073-6

Vulkane
ISBN 978-3-551-24056-9

Unsere Tiere
ISBN 978-3-551-24080-4

Reiten
ISBN 978-3-551-24070-5

Cordula Thörner hat dieses Lexikon geschrieben und dabei jede Menge gelernt. Jetzt weiß sie zum Beispiel, dass Tintenfische Schraubverschlüsse öffnen können und dass sich die meisten Vulkane am Meeresboden befinden. Und sie hat gelesen, dass jedes Jahr viele neue Tierarten entdeckt werden. Seitdem hält sie die Augen offen ...

1 2 3 4 12 11 10

Illustrationen: Achim Ahlgrimm, Sebastian Coenen, Anne Ebert, Franziska Harvey, Michaela Heitmann, Sigrid Leberer, Hildegard Müller, Miriam Ohm, Friederike Rave, Andreas Röckener, Stephanie Scharnberg, Marc-Alexander Schulze, Juli Sodré, Dorothea Tust, Astrid Vohwinkel, Jochen Windecker
Text: Cordula Thörner
Lektorat: Caroline Jacobi
Layout und Herstellung: Karen Kollmetz
Lithografie: Margit Dittes Media, Hamburg
Druck- und Bindearbeiten: Kösel GmbH, Altusried-Krugzell
ISBN 978-3-551-25001-8
Printed in Germany